Carlos Cuauhtémoc Sánchez

ENFÓCATE
EN RESULTADOS

ALTO RENDIMIENTO
PARA LA VIDA Y EL TRABAJO

ISBN 978-607-99032-9-9

Derechos reservados:
D.R. © Carlos Cuauhtémoc Sánchez. México, 2021.
D.R. © Ediciones Selectas Diamante, S.A. de C.V. México, 2021.
Mariano Escobedo No. 62, Col. Centro, Tlalnepantla, Estado de México, C.P. 54000.
Miembro núm. 2778 de la Cámara Nacional de la Industria Editorial Mexicana.
Tels. y fax: (55) 55-65-61-20 y 55-65-03-33
Lada sin costo: 01-800-888-9300 EU a México: (011-5255) 55-65-61-20
y 55-65-03-33 Resto del mundo: (0052-55) 55-65-61-20 y 55-65-03-33
Correo electrónico: informes@esdiamante.com
ventas@esdiamante.com

www.emlider.com
www.carloscuauhtemoc.com
www.editorialdiamante.com

ÍNDICE

INTRODUCCIÓN

La gente necesita saber.

Pero no lo que le enseñan en la escuela.

Por desgracia, a pesar de los grandes avances del mundo, la educación sigue haciendo énfasis en las materias académicas de siempre (técnicas, científicas, matemáticas, de humanidades).

Pero las nuevas generaciones tienen hambre de saber cómo negociar, cómo ganar y gestionar dinero, cómo posicionar su nombre para hacerlo una "marca" confiable, cómo expresarse para convencer. Esos conocimientos aplicables a la vida y al trabajo desafortunadamente no se aprenden en el bachillerato ni en las universidades típicas. Y la gente los busca por su cuenta.

Además (hay otro problema), las personas comunes ya no leen. Aprenden viendo videos en el celular, usando aplicaciones y redes sociales. El conocimiento de temas valiosos se difunde en cápsulas informales de entretenimiento. Eso genera un aprendizaje pobre y disociado.

Hablemos sobre resultados.

Lo primero es entender que todos los resultados provienen de dos factores fundamentales: *personas y procesos*.

Si en un lugar *no* hay crecimiento solo puede deberse a cualquiera de estos dos factores. O a los dos. Incluso todo problema en una empresa u organización nos lleva siempre al mismo embudo. Y disyuntiva. *Personas y procesos*.

Aquí aprenderemos a ser **PERSONAS DE ALTO RENDIMIENTO,** y a realizar **PROCESOS EFECTIVOS.** ¿Para qué? Para lograr lo que llamamos **DESIGNIOS MER**: dinero, prestigio, fortaleza y poder. Crecer en esas cuatro áreas también nos brindará mayor libertad y tiempo libre. Por todos lados ganamos.

Aprende el método y enséñalo.

Si eres maestro, directivo o coordinador académico de una escuela de nivel medio superior, superior o posgrado; si eres conferencista, coach de vida o de negocios, empresario, capacitador, o si tienes injerencia en el entrenamiento de un equipo, enseña los conceptos de este libro. Tienes en tus manos un material diseñado para que, quien lo estudie y haga los ejercicios propuestos, viva un cambio positivo en su **RITMO PRODUCTIVO**. Está pensado como herramienta para autodidactas, maestros y conferencistas. Puede ser un curso completo de liderazgo, marca personal, administración moderna, máximo rendimiento, empowerment profesional, planeación, alcance de metas, alta productividad, etcétera. Ponle al curso el nombre que quieras, pero tómalo, impártelo, promuévelo, hazlo realidad. Tu gente lo necesita. *La gente* lo necesita.

El mundo ha cambiado.

Por lo tanto, la educación y la capacitación deben cambiar. No podemos seguir usando los mismos contenidos de siempre.

En este libro encontrarás información fresca, moderna, hecha a la medida de las necesidades urgentes de hoy.

Si eres autodidacta, aprenderás el método de forma personal y directa. Si eres líder puedes impartir un curso. Está conformado por tres bloques de siete sesiones y un examen cada uno. Puedes repartir las 24 sesiones en un semestre, un cuatrimestre, un trimestre o una semana intensiva.

¿Te animas? Ya estás aquí.

Démonos un apretón de manos a la distancia. Te propongo esto: voy a darte lo mejor de mí a cambio de que quieras estudiarlo y aplicarlo. Si ambos lo hacemos, te garantizo que nuestros resultados van a mejorar (en ti, en mí, en nuestros equipos de vida y trabajo). Y eso, amigo, amiga, *es lo que de verdad importa*.

Te mando un abrazo

Carlos Cuauhtémoc Sánchez

Primera parte

PERSONAS

Cuando algo va mal en una marca, ya sea individual o corporativa, el problema solo puede tener dos orígenes: personas o procesos.

Durante la primera parte de este libro estudiamos a las personas.

PRIMERA SESIÓN

MENTALIDAD DE GOLEADOR

Nota para el maestro/conferencista: Imparte a tus alumnos una conferencia de una duración aproximada de 30 minutos basada en la información de este capítulo. El propósito es *explicarles la importancia de generar resultados* (goles) en todo lo que hagan. Dales ejemplos (o muéstrales videos) de deportistas que fallan, operadores que causan accidentes, o personas que hacen mal su trabajo. También háblales de los buenos resultados de gente que ha cambiado el mundo. Pídeles que hagan los ejercicios del capítulo, hazlos participar y resuelve sus dudas.

Los dueños de un equipo en España estaban desesperados porque sus jugadores no metían goles. Sabían que si seguían con esa racha de fracasos terminarían siendo expulsados de la liguilla. Entonces decidieron invertir millones de dólares para contratar a cuatro futbolistas extranjeros: dos centrales y dos delanteros. Con esa nueva alineación, los dueños creían que lograrían revertir la suerte del equipo. Pero no fue así. Los jugadores nuevos tenían una historia de rivalidades y odio entre ellos. Ocurrió lo impensable. A pesar de sus buenas

13

referencias y su impecable historial, no pudieron meter goles en toda la temporada. El equipo descendió a segunda división.

DIFERENTES GOLES PARA DIFERENTES PERSONAS

Los partidos solo se ganan con goles.

Cada individuo juega un juego distinto. Los goles del futbolista no tienen nada que ver con los del contador, el albañil, el vendedor, la maestra, el estudiante, el cocinero, el ama de casa; cada ser humano se encuentra en un partido diferente, pero todos ellos están obligados a meter sus goles.

Considerando el juego que tú juegas en la vida, ¿cuáles son los goles que debes meter?, ¿qué tendrías que hacer en una jornada para que pudieras decir que has anotado un gol y que vas ganando el partido? La respuesta para cada persona es distinta.

Todos los equipos de trabajo deben tenerlo claro. ¿Cuáles son *sus* goles de cada día? Si la gente no sabe en qué momento anotará un gol, no jugará con entusiasmo.

Tener una MENTALIDAD ENFOCADA EN RESULTADOS es: vivir cada minuto sabiendo que todo lo que hacemos tiene un único propósito: meter goles. Por increíble que parezca, muchas personas no entienden algo tan elemental.

Los goles no son retrospectivos; los que metimos hace un mes no sirven para ganar el partido de hoy. La calidad de un artista no se mide por su historial, sino por su último concierto. El currículo solo enseña lo que hicimos en el pasado, pero no es una garantía de lo que podemos hacer en el presente. Tener diplomas, títulos y premios es inútil si no generamos resultados ahora.

DESIGNIOS MER

Participamos en *cuatro torneos de copa*: en los DESIGNIOS MER (MENTALIDAD ENFOCADA EN RESULTADOS). Les llamamos DESIGNIOS porque son "propósitos de entendimiento que *designamos* como RESULTADOS CÚSPIDE". Son cuatro:

1. Dinero
2. Prestigio
3. Fortaleza
4. Poder

Los cuatro DESIGNIOS MER se pueden medir: cuánto dinero hay en nuestra cuenta, cuánto valen los activos que tenemos, cuánta gente nos admira y respeta; cuánta fuerza mental y física tenemos; en cuántas personas influimos. En este curso vamos a aprender a subir nuestros números. Y a medirlos.

DOS DIMENSIONES DE ACCIÓN

A Jorge no le gustaba trabajar en ese lugar. Veía tantas fallas que siempre estaba enojado y hablando mal de su compañía. Decía:

—¡Detesto este sitio, es horrible, el ambiente laboral es pésimo, hay desorden y errores! Me avergüenza trabajar aquí.

Un día el director lo mandó llamar y le dijo:

—Jorge, nuestra empresa entrará a un concurso con otras; será evaluada por las autoridades. Quiero pedirte que nos ayudes y nos digas qué podemos hacer para mejorar. Presenta propuestas y cambios. Yo te apoyo.

Jorge quiso protestar, pero el director se le acercó y lo miró a la cara:

—Óyeme bien, Jorge. Tú **no metes auto-goles** ni juegas en este equipo para hacernos daño. Juegas aquí para hacernos ganar.

Jorge se quedó estático, sin habla. Salió de la oficina caminando despacio. Volteó alrededor. Respiró hondo. La mala notica era que había mucho por hacer; la buena, que él estaba ahí.

Todos trabajamos en dos dimensiones: INDIVIDUAL Y ORGANIZACIONAL.

1. **DIMENSIÓN INDIVIDUAL:** es obligatoria porque no podemos renunciar a ella, representa nuestro propio progreso, nuestra marca personal. ¿Cuánto gano *yo*?, ¿cuánto crezco *yo*?, ¿cuánto poder tengo *yo*?

2. **DIMENSIÓN ORGANIZACIONAL:** son las organizaciones a las que pertenecemos; familia, matrimonio, club, iglesia, escuela, empresa. Podríamos renunciar a ellas si quisiéramos. Pero en realidad las necesitamos. Y nos necesitan. Son nuestros equipos.

Si eres independiente trabajas para ti; como individuo solitario y aislado los goles que anotes te beneficiarán solo a ti. Pero si en algún momento contratas empleados, decides alquilarte como asalariado, decides unirte a una iglesia, casarte o formar parte de cualquier organización, entonces automáticamente los goles que anotes ya no solo te beneficiarán a ti, sino a tu equipo también.

Haciendo crecer a tu equipo, tú crecerás. Y viceversa. Creciendo tú, tu equipo crecerá. *Serás responsable del éxito de ambos.*

Tu misión en la vida es, pues, generar resultados que te beneficien tanto a ti como a las organizaciones a las que perteneces.

EL PODER DEL ENFOQUE

La gente común vive distraída, haciendo mil cosas a la vez, llevando a cabo procedimientos largos para justificar su permanencia insignificante y aburrida en un lugar. En términos de futbol, a las personas les gusta lucirse dando pases laterales en vez de meter goles.

 Martha fue al hospital. Le dolía la espalda; casi no podía caminar. El médico en turno la obligó a esperar dos horas en la recepción. Luego, su asistente la pasó a una salita para hacerle un larguísimo cuestionario. Por fin el médico la atendió, y le pidió una enorme lista de exámenes de laboratorio. Martha tardó varios días en reunirlos. Mientras tanto, seguía sin poder caminar. Dos semanas después volvió a visitar al médico. Él le explicó que su padecimiento podía tener varias causas: mala nutrición, lesiones, o incluso enfermedades raras. Le pidió más exámenes, y mientras tanto le sugirió que se alimentara sanamente. Días después, al fin le dijo que su dolencia era producto de condiciones hereditarias y le describió un pronóstico aterrador. También le comentó que había descubierto que sus arterias estaban tapadas, y que debería someterse a un cateterismo. Martha lo miró con lágrimas en los ojos. Se dijo para sí misma: "Qué médico más inepto y fantoche; me hizo gastar dinero y tiempo para acabar diciéndome que me quiere operar de otra cosa diferente".

Se puso de pie para retirarse. El doctor le insistió:

—¿Cuándo le programo su próxima cita? ¿No quiere darme un anticipo para la cirugía?

CULTURA DE HABLAR MUCHO Y HACER POCO

Es casi un problema cultural. La gente quiere aparentar que sabe, pero no hace nada. Mientras más ególatra sea un individuo, hablará más y actuará menos. Hay muchos como estos:

- Críticos de libros (según ellos, expertos en letras) que no saben escribir.
- Arquitectos que hablan de espacios, luces, ubicaciones, y no construyen.
- Abogados que conocen normas y códigos legales, pero pierden los juicios.
- Médicos que cobran honorarios por procedimientos que el paciente no necesita.
- Vendedores a los que les encanta hacer análisis del mercado y estudios de cómo podrían vender, y no cierran ventas.
- Trabajadores que cobran por día y alargan las horas sin terminar sus pendientes.

Demasiados individuos *hablan mucho y hacen poco:* adeptos a diagnósticos fatalistas, expertos en decir por qué todo está mal y por qué (no es su responsabilidad, claro) será tan difícil corregir el rumbo. Muchos logran ser contratados porque enarbolan pronósticos oscurantistas (y dicen que solo ellos conocen soluciones), pero después de unos meses los patrones se dan cuenta de que cometieron el error de contratar a otro (¡otro más!) de los millones de habladores que solo son buenos para dar excusas.

Martha cambió de médico. Este nuevo doctor salió a recibirla personalmente. Casi no la hizo esperar. De inmediato se centró en darle una solución a su dolor de espalda. Le hizo preguntas específicas. Aguzó sus sentidos y echó mano de toda su experiencia para determinar las posibles causas. Le hizo estudios ahí mismo. En menos de sesenta minutos ya tenía un diagnóstico preciso. Le explicó a Martha el problema, pero le habló también de soluciones. Le recetó un tratamiento específico.

Casi de inmediato ella se sintió mejor.

Martha se volvió su paciente habitual y lo recomendó con todas sus amigas.

Es una pena decirlo: hay pocos médicos así. Y también pocos estudiantes, abogados, ingenieros y administradores. Poca gente progresa. A la persona que LOGRA RESULTADOS los clientes la aman, los jefes la cuidan, la organización la valora.

¿Queremos progresar? Enfoquémonos en los resultados.

EVIDENCIA DE APRENDIZAJE

Nota para el maestro/conferencista: Pide a tus alumnos que escriban respuestas amplias para las siguientes preguntas. Después pídeles que compartan sus respuestas entre ellos o frente a toda la clase. Haz que la dinámica genere nuevos propósitos de acción.

1. *Considerando el juego que tú juegas en la vida, ¿cuáles son los goles que debes meter?, ¿qué tendrías que hacer en una jornada para poder decir que has anotado un gol y que vas ganando el partido?*

2. *Haz una lista de diez diferentes trabajos que conozcas. Para cada uno de ellos escribe cuáles serían los logros que el trabajador debería alcanzar para considerar que ha metido un gol.*

3. Escribe cuál es tu posición en cuanto a **DESIGNIOS MER**. ¿Cómo consideras que se encuentra ranqueada tu MARCA PERSONAL en cuanto a DINERO, PRESTIGIO, FORTALEZA y PODER?

4. ¿Cuáles son las organizaciones de las que formas parte? ¿Qué puedes hacer para ayudar a que crezcan esas organizaciones y ganen los equipos a los que perteneces?

5. Relata una anécdota real en la que hayas visto a una persona que habla mucho y no hace nada.

SEGUNDA SESIÓN

MENTALIDAD DE RESOLVER PROBLEMAS

Nota para el maestro/conferencista: Imparte a tus alumnos una conferencia de una duración aproximada de 30 minutos basada en la información de este capítulo. El propósito es *enseñarles a enfrentar y resolver problemas*. Háblales de los problemas que has tenido tú y de cómo te han hecho crecer. Ejemplifica los que han enfrentado algunas de las personas más grandes del mundo. La intención es que después de esta clase ellos puedan enfrentar y resolver sus propios problemas con otra mentalidad.

FORMAS DE REACCIONAR ANTE LOS PROBLEMAS

Ovidio era melancólico. Le encantaba leer poesía y se la pasaba haciendo rimas en su mente. Escribió un libro de poemas. Llevó su manuscrito a una editorial y se lo rechazaron. Intentó con otra. Se lo rechazaron también. En la tercera ocasión, el editor le dijo que su obra era muy mala y que no tenía esperanza de arreglo. Ovidio se sintió frustrado. Regresó a su casa, se encerró, y después de golpear la pared con los puños tomó todos los manuscritos y los quemó. Encendió la computadora y borró los archivos. Accedió a la papelera de reciclaje y borró lo que había en ella. Así se aseguró de nunca más volver a escribir.

En realidad, Ovidio tenía talento, pero renunció a él en vez de seguir perfeccionándolo. No pudo reponerse al rechazo.

Cuando resolvemos un problema, progresamos: avanzamos, nos perfeccionamos. Sentimos tanta satisfacción que le perdemos el temor a otros problemas. Pero cuando las cosas salen mal podemos reaccionar de dos maneras diferentes:

1. Con vergüenza derrotista que nos lleva a renunciar: "Soy un inepto, nunca resolveré esto".

2. Con coraje obsesivo que nos lleva a volver a intentarlo: "*¡Ah, cómo de que no; ahora lo resuelvo!*".

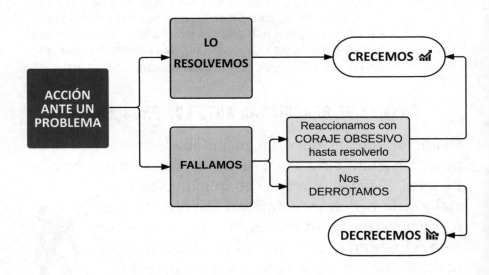

¿De qué depende nuestra forma de reaccionar ante un problema? De nuestra mentalidad.

Cuando las cosas salen mal, ¿tu mentalidad te lleva a sentir un gran abatimiento o te lleva a volver a intentarlo con firmeza?

¿Eres de los que huyen de los problemas o eres de los que no solo los enfrenta con entusiasmo, sino que hasta los propicia para generarse progreso?

¿Y qué haces cuando los problemas suceden, cuando simplemente te caen de forma inesperada? ¿Cuál es tu mentalidad?

EL DILEMA JAPONÉS

Los japoneses de algunas provincias son expertos en la comida del mar. Siempre han basado su alimentación en el pescado, de manera que han desarrollado una sensibilidad gustativa especial para detectar cuándo un pescado que se sirve en la mesa es fresco, y cuándo no.

Como la fauna marina ha tenido detrimento por tanta explotación, los barcos pesqueros cada vez deben alejarse más de la costa. Eso ha ocasionado que tarden varios días en regresar a la isla.

Los japoneses, expertos en alimentación del mar, cuando comenzaron a recibir los pescados que estuvieron muertos en un barco por horas, detectaron de inmediato que no eran frescos y los rechazaron.

Los pescadores entonces decidieron hacer algo al respecto. Primero pusieron sus pescados en tinas con hielo para que el frío preservara su sabor, pero los comensales volvieron a protestar diciendo que ese pescado no era fresco. Los pescadores tuvieron otra idea. No dejarían que los peces murieran. Los pondrían en enormes tinas con agua durante los días que tardaran en regresar a la isla. Pero como los peces dejaban de moverse y se aletargaban, también cambiaba su sabor. Los comensales volvieron a protestar diciendo que esos pescados no eran frescos. Finalmente, los pescadores encontraron la solución: dejaron los peces vivos dentro de su enorme tina, pero pusieron un tiburón adentro. De ese modo, los peces tenían que nadar a toda velocidad durante las horas que pasaban ahí, y estar alertas para escapar del tiburón. Algunos morían porque el tiburón los alcanzaba, pero los que llegaban al final de la travesía eran peces activos. Entonces, al fin, los comensales dijeron: "¡Esto sí es pescado fresco!".

Los problemas son como tiburones que te persiguen. Imagina que eres un pez y de pronto te das cuenta de que un tiburón ha entrado a la tina donde nadabas plácidamente. Si el tiburón llegó de forma repentina, es un **PROBLEMA INVOLUNTARIO**. Si llegó porque tú lo metiste, es un **PROBLEMA DELIBERADO**. ¿Será posible que alguien meta un tiburón en su tina *a propósito*? Sí. Sucede con frecuencia. Pero primero estudiemos a los que llegan sin nuestro consentimiento.

PROBLEMAS INVOLUNTARIOS

Un **PROBLEMA INVOLUNTARIO** se define "como una pérdida o amenaza *que no buscamos ni queremos*".

Todos estamos propensos a sufrir pérdidas o amenazas. El problema de perder algo está en recuperarlo, o en aceptar la pérdida irremediable y reconstruirnos. El problema de una amenaza está en luchar, a como dé lugar, para evitar la pérdida.

Ejemplos de PROBLEMAS INVOLUNTARIOS:

- Te llega una auditoría de Hacienda o una revisión del Seguro Social.
- Te enteras de que padeces una enfermedad grave.
- Sufres un accidente.
- Te despiden del trabajo.
- Tu socio te traiciona.
- Tu mejor empleado te roba.
- Tu hijo se mete a una pandilla.
- Tu cónyuge te pide el divorcio.
- Tu vecino te demanda.
- Delincuentes te roban o extorsionan.
- Repruebas y pierdes la beca.

Podríamos hacer una larga lista de PROBLEMAS INVOLUN-TARIOS. Son tiburones que repentinamente caen en nuestra tina y nos persiguen. Pueden ocasionarnos una pérdida (nos muerden y perdemos una aleta o la cola) o ser una amenaza (el tiburón quiere matarnos). A todos nos ha sucedido; cuando menos lo esperamos, volteamos y ya hay un tiburón detrás de nosotros. Como los peces de los pesqueros japoneses, al momento en que un tiburón indeseado cae en nuestras apacibles aguas, solo tenemos dos opciones: o nos dejamos asesinar, o aprendemos a movernos con rapidez para salvarnos.

PROBLEMAS DELIBERADOS

Un PROBLEMA DELIBERADO se define como un reto (también puede ocasionarnos pérdidas) en el que nos metimos *de manera voluntaria* para desafiarnos.

Ejemplos de problemas deliberados (nosotros mismos echamos esos tiburones a nuestra tina):

- ○ Aceptar un nombramiento político.
- ○ Entrar como actor a una obra de teatro.
- ○ Aceptar un trabajo complementario.
- ○ Poner un negocio.
- ○ Ofrecer un servicio difícil a muchos clientes.
- ○ Estudiar una maestría o diplomado.
- ○ Conquistar a una pareja, casarnos, tener hijos.
- ○ Escalar una montaña.
- ○ Entrar a un torneo o concurso internacional.
- ○ Escribir un libro.
- ○ Aceptar una entrevista en televisión.
- ○ Estudiar en otro país y aprender el idioma.

Los **PROBLEMAS DELIBERADOS** también se llaman **DE PRO-GRESO**, porque tú los eliges para progresar (nadie te obliga a estudiar un doctorado, ni a componer y producir música, ni a abrir otra sucursal de tu negocio). Lo haces porque quieres crecer. Mientras más fuertes, frecuentes y retadores sean tus **PROBLEMAS DELIBERADOS**, más progreso tendrás. Echar tiburones a tu propia pecera es un ejercicio habitual de las personas exitosas.

Por eso decimos: *Mis sueños son más grandes que mis miedos, así que échame otro tiburón.*

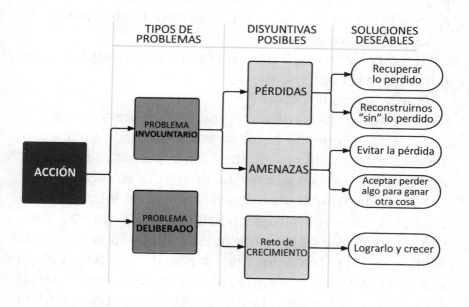

PROGRESAR PESE (O GRACIAS) A LOS PROBLEMAS

La persona con **MENTALIDAD ENFOCADA EN RESOLVER PRO-BLEMAS** convierte a los tiburones en su mejor motivación para crecer. También tiene una enorme capacidad para conseguir que los **PROBLEMAS INVOLUNTARIOS** se conviertan en retos. Sabe que no vale la pena lamentarse ni levantar la bandera de víctima frente a un **PROBLEMA INVOLUNTARIO**.

Tiene muy claro que, si esa adversidad apareció en su vida, no vale la pena deprimirse ni hundirse en pensamientos derrotistas. Una vez que el tiburón ya está ahí, pone toda su atención y sus recursos en aprender, fortalecerse y darle la vuelta.

Fátima era una joven con dinero. Su padre falleció repentinamente dejándole una cuantiosa herencia.

Fátima hizo planes de viajar por todo el mundo y disfrutar la libertad. Tal vez después de conocer muchos países elegiría uno para establecerse. Estaba feliz, haciendo planes, cuando recibió una noticia aterradora.

Estaba embarazada.

El padre de su bebé era un joven irresponsable a quien conoció en un bar.

Nunca se casaría con él.

Se quedó paralizada de temor. Eso no funcionaría.

Si decidía tener al bebé se veía obligada a cancelar todos sus maravillosos planes para quedarse en casa y enfrentar la vida cuesta arriba de madre soltera.

Como los problemas indeseados son, de entrada, aborrecibles, y queremos deshacernos de ellos, Fátima decidió interrumpir su embarazo. Pero luego lo pensó bien. Ella en realidad tenía dos opciones: o le quitaba la vida al ser que crecía en su vientre, o se la quitaba a sus sueños largamente anhelados. Lloró mucho. De verdad sufrió el duelo. Pero tenía una mentalidad enfocada al progreso. No podía quedarse postrada en las lamentaciones. Tuvo a su bebé, y cuando lo cargó en sus brazos percibió que se abrían frente a ella muchas otras posibilidades. Redireccionó sus metas. Con la herencia de su padre puso una escuela de estimulación temprana para bebés. Tuvo tanto éxito que esa escuela se convirtió en una referencia en el nivel preescolar. Fátima se hizo capacitadora y conferencista de temas educativos. Es una historia real.

LA RAZÓN POR LA QUE NOS CONTRATAN

Entiende que, si estás trabajando en una organización, tu principal reto es generar progreso resolviendo problemas.

De hecho, fuiste llamado y aceptado para colaborar en esa organización justamente porque había problemas. Si no los hubiera habido, no te hubiesen contratado.

Un trabajador que no resuelve problemas no sirve. El que es miembro de un equipo y no resuelve problemas, le estorba al equipo.

Sé una persona con mentalidad enfocada en resolver problemas. Y si estás aburrido, echa un nuevo tiburón a tu pecera.

Que esto se convierta en un himno para ti: *Me gustan los retos, por eso me apunto. Mis sueños son más grandes que mis miedos. ¡Échame otro tiburón!*

EVIDENCIA DE APRENDIZAJE

Nota para el maestro/conferencista: Pide a tus alumnos que contesten las siguientes preguntas. Genera un debate con sus respuestas.

Exhórtalos a un cambio de mentalidad total respecto a cómo ven y enfrentan los problemas.

1. *Relata alguna anécdota en la que fallaste ante un problema* y **reaccionaste con vergüenza derrotista.**

2. *Relata otra anécdota de cuando fallaste ante un problema* y **reaccionaste con decisión obsesiva de resolverlo.**

3. ¿Qué **PROBLEMAS INDESEADOS** *han llegado a tu vida? ¿Pudiste convertirlos en* **PROBLEMAS DE PROGRESO***? ¿De qué manera?*

4. *¿En qué* **PROBLEMAS DELIBERADOS** *te has metido tú o tu familia?*

5. *Escribe cuáles son las organizaciones a las que perteneces (empresa, club, trabajo, escuela, etc.) y haz una lista de los problemas que tienen. Escribe cómo podrías ayudar a resolverlos.*

Tercera sesión

MENTALIDAD DE PAGO

Nota para el maestro/conferencista: Imparte a tus alumnos una clase basada en la información de este capítulo. El propósito es enseñarles a *pagar el precio de las cosas*. Haz que identifiquen lo que deben pagar en la vida y que se comprometan a pagar, aunque eso les duela. Pídeles que hagan los ejercicios del capítulo.

Martín tenía una tarea. Necesitaba leer el libro de un autor conocido y hacer el resumen para entregarlo en clase. Como era un libro nuevo, todavía no había reseñas de él en Internet. Eso sí, logró descargarlo gratuitamente de una página pirata. Pero el libro tenía más de trescientas páginas, y pensó que era mucho trabajo leerlo. Así que buscó en las redes sociales el contacto del autor y le escribió una nota:

"Señor autor, sé que usted es una persona culta y sobresaliente. Yo, por mi parte, soy un humilde investigador dedicado a hacer resúmenes de libros. ¿Sería tan amable de enviarme una síntesis de su obra más reciente, donde aparezca el argumento, la trama, las ideas principales y una reseña biográfica del autor? Le agradeceré mucho que me abrevie el trabajo para mi investigación".

Martín mandó el mensaje y esperó. Nunca se imaginó que ese autor "culto y sobresaliente" le escribiría en respuesta solo dos palabras:

"Léelo, huevón".

EL PROBLEMA CULTURAL DE QUERER TODO GRATIS

La gente no quiere pagar. Existe un pensamiento arraigado en la sociedad de obtener beneficios gratuitamente, o dando muy poco a cambio.

El Internet nos tiende una trampa. Las grandes plataformas, en apariencia gratuitas, han educado a las personas para que obtengan lo que quieran con solo registrarse. Pero es una trampa de marketing. Si tú crees que muchos servicios de Internet son gratis, no te das cuenta de que en realidad el producto eres tú mismo, y les das como pago tu información que ellos usan para vender publicidad y hacerte comprar otras cosas. Si crees que alguien te ofrece algo gratis, quizá no sabes cuál será el cobro y por dónde te llegará la factura, pero es seguro que te llegará.

Vivimos en la era del mínimo esfuerzo.

Si algo nos exige un pago, lo evadimos. Si el original cuesta dinero lo buscamos en su versión pirata. Alguien tuvo que haberlo robado para vendérnoslo más barato; y se lo compramos al ladrón, no al autor original. Esto tiene connotaciones enormes:

- ○ Muchos no quieren pagar honorarios a los trabajadores honestos y provocan que, a la larga, se vuelvan deshonestos.

- Muchos piden prestado dinero a sus patrones, amigos o familiares, y después no pagan. Se ofenden si alguien les cobra lo que deben.

- Muchos se obsesionan por tener dinero sin trabajar. Y eso hace proliferar la delincuencia. Siempre es más fácil hackear los datos bancarios de alguien que trabajar ocho horas diarias. También es más fácil secuestrar, sacar una pistola, chantajear, atracar, desfalcar, extorsionar, hacer fraudes, pedir, mendigar, quitar a otros lo que tienen; cualquier cosa con tal de no trabajar.

- Por si fuera poco, muchas personas pretenden ser educadas y cultas sin hacer el menor esfuerzo. Los alumnos de hoy no quieren ir a clases, no quieren hacer tarea, no quieren hacer exámenes, se ofenden si les quitan su beca, se enfurecen si les ponen bajas calificaciones, y demandan a la escuela si no les entregan su diploma y título rápidamente.

Abunda el pensamiento ladrón en nuestra sociedad. Sin embargo, todas las acciones encaminadas a no pagar el precio de las cosas, tarde o temprano se revierten en una oleada de mala suerte y acontecimientos trágicos.

Vamos a entendernos: es imposible lograr resultados excepcionales manteniendo la mentalidad de no pagar y no esforzarnos.

CONQUISTAS FÁCILES A DISTANCIA

Romualdo y Laura se enamoraron por Internet. Intercambiaron cientos de mensajes, incluso fotografías y videos de sus respectivas vidas. Ambos fueron sinceros. Ninguno mintió. Se aseguraron de que no hubiese trampa.

Tuvieron una relación virtual por más de seis meses. Al fin se conocieron. Pero pasó algo extraño. Estando frente a frente, otros sentidos entraron en juego.

 Nunca se habían olido; nunca se habían escuchado hablar; no conocían el sabor de sus labios; no habían percibido sus formas de mirar. En Internet todo parecía perfecto, en persona la química fallaba. Quisieron forzar las cosas y se hicieron pareja, pero empezaron a pelear. Una cosa era charlar a lo lejos, y otra muy distinta hacerlo frente a frente. Entendieron que cualquier conquista a distancia es solo producto de una idealización. A veces funciona, pero casi siempre no.

La pandemia nos maleducó.

La peste coronavírica cambió el ritmo productivo. La gente aprendió a laborar desde casa, y también a quedarse en pijama, sin bañarse, tirada en un sillón, rascándose las axilas, mientras fingía tomar clase y trabajar a medias. A la mayoría le gustó tanto que decidió bajar su ritmo productivo de forma permanente. En promedio, ahora los estudiantes estudian menos y los trabajadores trabajan menos. Hay sus excepciones, claro, pero el mundo entró a una etapa de ritmo lento y comodidad impuesta que muchos ya no quieren abandonar. Eso nos brinda una oportunidad extraordinaria a las **PERSONAS ENFOCADAS EN RESULTADOS**, pues ahora tenemos más facilidad de sobresalir. Competimos contra tortugas.

EL PRECIO DE ESTAR (PRINCIPIO DE COMPROMISO)

—¿Quién quiere comprometerse a ayudar en el ministerio de desayunos para niños de la comunidad? —El ministro guardó silencio después de hacer la pregunta; varios miembros de su enorme congregación levantaron la mano—. Muy bien —continuó—. Pasen al frente los voluntarios. Muchas gracias. Ahora les pregunto, ¿quién quiere comprometerse a recibir a las personas nuevas para darles la bienvenida? También pasen al frente los voluntarios. Por último, ¿quién se compromete a cantar en el coro de la iglesia los domingos? Pasen, por favor.

Había como treinta personas que habían caminado hacia adelante. Entonces el ministro bajó del estrado y les habló directamente a la cara:

—¿Saben lo que significa "comprometerse"? En la vida nos comprometemos a muchas cosas: a trabajar en una empresa, a vivir en matrimonio, a ser padres, a formar parte de diferentes equipos (como este), pero lo hacemos sin saber lo que significa la palabra 'compromiso'. Se los voy a decir y nunca lo olviden: compromiso significa **presencia**. Así de simple. Compromiso es **estar ahí**. **No faltar. Llegar temprano**. Hacer las cosas y resolver imprevistos **estando ahí**. Tu simple presencia hace la diferencia. Compromiso es no faltar ni un solo día al lugar al que te han llamado; acompañar y servir a las personas con las que te has comprometido. Entendiendo esto, les vuelvo preguntar, ¿quiénes de ustedes se comprometen a formar parte de los ministerios que mencioné? Den un paso al frente, por favor.

Esta vez los voluntarios permanecieron en su lugar. Ante la aclaración tan contundente de que debían "estar ahí todos los días sin fallar", ya nadie estuvo seguro de comprometerse.

Pisa con los pies.

Para conquistar una tierra debemos pisarla con los pies.

Es el principio de compromiso. ¿Pisar *con los pies*? La frase es un pleonasmo intencional, como cuando decimos "lo vi con mis propios ojos", porque es fundamental enfatizar con qué vamos a ver y con qué vamos a pisar. Si quiero alcanzar la cima de una montaña no puedo hacerlo desde lejos. *Tengo que estar ahí,* pisar cada roca con mis pies.

Piensa en algo que deseas alcanzar y no lo has logrado. Piensa en ese terreno (real o figurado) sobre el que quisieras tener autoridad. Piensa en la cumbre que anhelas conquistar. Ahora entiende esto: la única forma de lograr una victoria importante es *comprometiéndote.* Y ya supimos lo que significa comprometerse: **presencia física, pisar con nuestros pies, llegar a tiempo, no faltar.**

EL PRECIO DE CAPACITARSE

Aun la educación a distancia requiere presencia real. El estudiante debe enfocarse, estar ahí, frente a la computadora y los libros. Pero ahora muchos jóvenes no quieren estudiar. Incluso, motivadores baratos se han dedicado a desacreditar los estudios formales diciendo que la escuela no nos enseña nada útil. Y los estudiantes holgazanes han optado por hacerles caso. Porque la gente quiere "no estar" y "no pagar".

La PERSONA ENFOCADA EN RESULTADOS sabe que debe saber. Que su primer y más importante valor es el conocimiento; también sabe que su potencia más valiosa es la inteligencia. Entiende que el cerebro se fortalece con ejercicio diario y que para llegar a ser millonarios dependemos de nuestra capacidad mental. A más preparación e inteligencia, más prestigio, más fortaleza, más poder y, por supuesto, más dinero. A menos preparación y menos inteligencia, el resultado será **menos de todo**. Por eso los jóvenes que compran certificados de bachillerato, o copian en exámenes, o toman clases en línea jugando "sin estar ahí", lo único que alcanzarán en la vida es la mediocridad.

Es cierto que algunos famosos no terminaron la universidad. Steve Jobs, Walt Disney o Abraham Lincoln, entre otros, pero también es cierto que decidieron estudiar por su propia cuenta e hicieron crecer su genialidad preparándose con dedicación en el área que eligieron. Pagaron el precio de otra forma. Lo pagaron. Cuando pidas trabajo, tu sueldo se definirá en función de cuánto sabes, cuánto has estudiado y cuánta experiencia tienes.

Martín reprobó varias materias en el bachillerato, así que decidió dejar la escuela. Buscó un sistema de preparatoria rápida, y con muy poco esfuerzo logró obtener un certificado de estudios. Entró a la universidad, pero como no estaba capacitado, reprobó también, y buscó la forma de comprar su diploma. Se conectó con la mafia de falsificadores y adquirió un título profesional apócrifo y varias credenciales de especialización. Gracias a su brillante historial académico (falso, por supuesto) logró ser contratado como gerente en una empresa comercializadora. Pero como no tenía la capacidad de generar proyectos y cerrar ventas, empezó a abrirse paso haciendo acuerdos económicos ilegales a escondidas. Llegó a falsificar documentos oficiales. Hoy está en la cárcel. Su falta de preparación y de estudios lo llevó a abrirse paso en un sendero cuyo final es siempre un abismo fatal. Al menos eso sí lo aprendió.

LA FORTALEZA DE UNA ORGANIZACIÓN

Una organización es fuerte por su gente. Mejor dicho, por la capacidad de su gente. Mientras más ineptas son las personas de una marca, más mala es la marca. Por eso las empresas importantes del mundo se jactan de tener a las personas más capaces. Por eso la gente más capacitada recibe todo el tiempo ofertas de trabajo y oportunidades de crecer. Le sucede lo que a los jugadores de futbol brillantes: los equipos se los disputan y pagan millones de dólares por contratarlos.

La gente de tu equipo debe ser brillante. Si estás en una organización, no puedes darte el lujo de tener gente inepta. O la capacitas o la despides. Tú mismo no puedes darte el lujo de ser inepto, porque acabarán deshaciéndote de ti.

Mantén siempre una MENTALIDAD DE PAGAR. Si lo que quieres cuesta dinero, págalo. Si contratas los servicios de alguien, págale. Si te comprometes con un proyecto, paga con tu presencia física y mental. Si quieres crecer y lograr resultados excepcionales, paga el precio de capacitarte. Nada es gratis. Nunca lo ha sido y nunca lo será. El mundo es de los que pagan, porque solo pagando se tiene el derecho a cobrar.

EVIDENCIA DE APRENDIZAJE

Nota para el maestro/conferencista: Haz una dinámica. Divide al grupo en cuatro equipos. Dale a cada equipo un letrero insignia y una especialidad. Pídeles a los equipos que desarrollen argumentos para demostrar que ellos son los que tienen la mejor moneda de pago para lograr resultados. Haz que los representantes se pongan de pie para exponer sus posturas. Genera un debate. Da conclusiones.

Existen cuatro monedas de pago para lograr resultados. Explica qué puedes pagar con cada moneda y por qué es importante estar dispuesto a pagar con cualquiera de ellas:

1. *Pagamos con dinero.*

2. *Pagamos con trabajo.*

3. *Pagamos con presencia física.*

4. *Pagamos con capacidad mental.*

CUARTA SESIÓN

MENTALIDAD DE COMPETIR CONTRA RELOJ

Nota para el maestro/conferencista: Imparte una charla basada en la información de este capítulo. El propósito es *establecer una nueva mentalidad de competir siempre y desechar los paradigmas de hacer las cosas con calma y sin estrés.* Para explicar el tema apóyate con datos del video en YouTube de Kelly McGonial: "Cómo convertir el estrés en tu amigo". Después de la conferencia pide a los alumnos que hagan los ejercicios del capítulo.

Varias personas fueron convocadas para un concurso experimental:

Todas las mañanas durante doce meses recibirían un sobre con dinero en efectivo, el equivalente al salario de una semana.

El juego consistía en ver quién de todos ellos podía lograr más progreso en sus vidas usando el dinero que recibían. La única regla era que no podían ahorrar ni un centavo, tenían que gastarlo todo cada día antes de irse a la cama por la noche. Si al final de la jornada no habían gastado el dinero, debían tirar el sobrante. Quien lograra mayor progreso en un año se llevaría como premio una cantidad equivalente a la que había recibido durante el año. El resto se quedaría sin nada.

Los participantes estaban fascinados con el juego. Era demasiado bueno para ser verdad. ¡Recibir todos los días un sobre de dinero con la única condición de gastarlo antes de ir a dormir!

Algunos comenzaron pagando sus deudas y ayudando a sus familiares con problemas económicos. Otros invirtieron en negocios que podrían generarles utilidades. La mayoría usó el dinero para divertirse y darse lujos: se compraron ropa, zapatos y juguetes. Otros optaron por regalar el dinero y ganarse la aceptación y el favor de amigos. Algunos, de plano, al final del día lo desechaban porque no alcanzaban a gastarlo, con la tranquilidad de que a la mañana siguiente recibirían más.

Cuando terminó el año, solo unos cuantos participantes (menos del diez por ciento) habían progresado en su vida. El resto estaba igual o peor.

Imagínate el juego anterior. Sería la trama de una buena novela. Tendría personajes muy humanos. Individuos como tú y como yo, con miedos, anhelos y frustraciones. El sobre de dinero que los personajes de la historia reciben a diario es una analogía de las 24 horas de tiempo que todos recibimos. La forma como esos personajes gastan o invierten su dinero (sin poder ahorrarlo, obligados a acabárselo cada día), es igual al modo en que tú y yo usamos el tiempo que se nos da. Porque sí, cada mañana Dios (o la vida, o como quieras llamarle) te regala un cheque de 24 horas por adelantado para que hagas lo que quieras con él. Te brinda esas horas *como regalo*. No te las ganaste. Simplemente te las da... Las puedes invertir, hacer negocios con ellas, regalarlas o tirarlas.

PRODUCTIVIDAD Y TIEMPO

Todo tiene una unidad de medida: de longitud, el *metro*; de masa, el *kilogramo*; de temperatura, los *grados kelvin*; de corriente eléctrica, el *amperio*. **LA UNIDAD DE MEDIDA DE LA PRODUCTIVIDAD ES *EL TIEMPO*.**

El tiempo es un activo. El tiempo vale. De hecho, vale más que el dinero.

Ser productivos es cumplir nuestra razón de existir. ¡Y nuestra razón de existir es esta!: *dar los mejores resultados en el menor tiempo posible*.

La definición más simple de productividad es: hacer más con menos y en menos tiempo. Ser productivos es aprovechar los recursos al máximo. LA PRODUCTIVIDAD SE MIDE EN RESULTADOS CONTRA RELOJ: ¿cuánto haces en cuánto tiempo?

Una persona que en dos años terminó su maestría, se compró una casa nueva, ahorró treinta mil dólares, se fue quince días de viaje a Europa con su pareja y logró que su nombre tuviera prestigio, es una persona más productiva que otra que en esos mismos dos años no estudió, trabajó poco, cambió tres veces de empleo, se endeudó, se separó de su pareja, y todos sus conocidos acabaron rechazándolo porque solo dio problemas.

Todos podríamos lograr lo que quisiéramos, si nos dedicáramos y tuviéramos suficiente tiempo. Podríamos, por ejemplo:

- ○ Aprender otro idioma.
- ○ Patinar en hielo y hacer piruetas.
- ○ Esquiar en nieve o en agua.
- ○ Montar a caballo y saltar obstáculos.
- ○ Tocar el piano.
- ○ Resolver una ecuación matemática compleja.
- ○ Armar el rompecabezas más grande.
- ○ Escribir un libro.
- ○ Hacer una obra artística.
- ○ Poner un negocio.
- ○ Estudiar una maestría y un doctorado.

¿Y por qué no hemos hecho muchas cosas de la lista anterior? ¿Por qué otros a la misma edad sí lo han hecho? Muy simple. Porque usamos el tiempo para otras actividades, o lo malgastamos, o simplemente no lo aprovechamos.

PERSONAS TARDAS Y RÁPIDAS

Hay una forma de decirle a las personas de poca inteligencia. La forma correcta en español es **TARDOS,** porque se tardan más en aprender. Y es que unos necesitan más tiempo que otros para realizar obras complejas o resolver problemas. Así se divide la humanidad: entre tardos y rápidos. Y la rapidez está ligada al aprovechamiento máximo del tiempo.

Piensa: ¿en qué se diferencian los atletas de nosotros? ¿Qué han hecho los ganadores de medallas de oro en las

Olimpiadas o campeonatos mundiales de cualquier deporte, que no hemos hecho los gordos, sedentarios como nosotros? Pues mientras los atletas han usado celosamente su tiempo para entrenar y competir, nosotros lo hemos usado para pasarla sentados frente a una computadora comiendo donas y café. ¿Cuál es la diferencia entre la gente común y las personas más ricas y famosas, como los artistas, los emprendedores, los creadores de tecnología, los que hacen historia, e incluso los que logran una buena vida familiar y personal? Simple. Todos los exitosos en cualquier área tienen esta característica: aprovechan el tiempo de forma diferente; ensayan, estudian, crean, trabajan e invierten las horas de su día en algo productivo.

La unidad de medida de la PRODUCTIVIDAD es el tiempo. La unidad de medida del tiempo, el segundo. Cada segundo importa. La persona enfocada en resultados aprovecha sus segundos al máximo: se mueve más rápido, y por ende se vuelve más inteligente y productiva.

Jacinta era una *wedding planner*. Organizaba a los proveedores de una boda, asentaba los detalles, aconsejaba a los novios y coordinaba la actuación de los participantes.

Jacinta era veloz; solía correr de un lado a otro, atenta a cada requerimiento. Todos decían que Jacinta tenía vista de lince y oído de murciélago. No se le escapaba nada. Se movía tan rápido que algunos bromeaban asegurando que se teletransportaba; parecía estar en varios lugares al mismo tiempo. Tenía fama de ser la *wedding planner* más eficaz e inteligente de la ciudad.

Un día, Jacinta enfermó y mandó a la boda a Lorna, su socia. Lorna sabía hacer lo mismo que Jacinta. Solo era diferente en un aspecto: se movía despacio. Llegaba a los lugares donde se le necesitaba varios minutos después. Aunque también detectaba las necesidades y las resolvía, los clientes se quejaron. Le dijeron a Jacinta: "Todo está bien, pero tu socia es ineficaz y tonta".

Y es que es así: Cuando hay una urgencia y ves a alguien caminando despacio para atenderla, piensas que es ineficaz y tonto.

LA INTELIGENCIA SE APRENDE

Hay una fuerte correlación entre rapidez e inteligencia. (También la juventud se relaciona con actividad, mientras la vejez con sedentarismo). Alguien podría llegar a ser más inteligente (y joven), simplemente aprendiendo a moverse más rápido y a resolver problemas con mayor velocidad.

Los padres consentidores hacen todo al revés. Educan a sus hijos a ser pasivos, tranquilos y sedentarios; a no tener presiones ni estrés; sin actividades extraescolares, sin exámenes, competencias o concursos. Lo único que logran es hacer niños menos inteligentes. ¡Muchos padres de familia les hacen la tarea a sus hijos y les resuelven sus problemas (incluso les compran el pase) para evitarles estrés! Esos padres están educando futuros fracasados. Lo mismo están haciendo las autoridades educativas que prohíben calificar a los estudiantes porque eso podría causar estrés a los flojos que no quieren estudiar; incluso en algunos lugares se les prohíbe a los profesores que reprueben a los malos alumnos (porque aunque son flojos, también tienen su corazoncito).

Competir es bueno, aunque cause estrés. El estrés manejable nos prepara para movernos rápido, nos pone en estado de alerta. No hay manera de tener resultados sobresalientes buscando la tranquilidad anímica permanente. Una persona con **MENTALIDAD ENFOCADA EN RESULTADOS** compite siempre. Para empezar, compite consigo misma, se compara constantemente en su propio progreso, se pone metas altas y va midiéndose día con día. Es aferrada, decidida, valiente, acepta la adrenalina, sabe convivir con la incertidumbre y acepta cierto grado de estrés.

 Max Gunter, experto estudioso de secretos de los banqueros suizos, escribió un libro llamado *Los axiomas de Zúrich*, en el que asegura que los hombres más ricos del mundo disfrutan la aventura y la incertidumbre. Ellos invierten audazmente incluso sabiendo que pueden perderlo todo. Dicen que cuando corren peligro sí se sienten estresados, pero que eso es uno de los goces importantes de la vida. Les preocupa su familia, sus hijos, sus negocios, su futuro... Y eso está bien, porque significa que trabajaran para ellos.

Quienes buscan el desapego y la quietud total hacen un mal negocio, porque su obsesión por la paz, les imposibilita crecer y les impide la satisfacción de progresar.

INFORMACIÓN GENÉTICA DE COMPETENCIA

Nuestro ADN contiene datos de alta competitividad: la mitad de nuestro ser tuvo que competir con otros trescientos millones de espermatozoides para ganar el lugar de la vida, ¡pero la otra mitad también colaboró activamente en elegir, entre muchos ganadores, al que le abriría la puerta!

Estamos hechos para crecer. Por eso es un sinsentido y una aberración antinatural insistir en que todos somos iguales y merecemos lo mismo. También es absurdo adoptar el paradigma de que debemos estar siempre cómodos y esforzarnos lo menos posible.

La vida se puede resumir así: estamos aquí para aprovechar al máximo cada día, y para sumar valor a los proyectos que pasan por nuestras manos.

En una organización somos eslabones de una cadena. La persona A hace algo y le pasa la estafeta a la persona B, esta le añade algo más al trabajo y se lo pasa a la persona C. Así es como se hacen los grandes proyectos de equipo. Pero si alguien de la cadena es un individuo de bajo rendimiento y baja productividad detendrá el proceso, se quejará de que le faltan elementos, querrá devolver el trabajo a su predecesor echándole la culpa de que no se lo entregó como debería, no resolverá, será un cuello de botella.

Seamos personas de ALTO RENDIMIENTO; esto significa esforzarnos por ser rápidos, buscar salida a las dificultades, aceptar las comparaciones, enfrentar los retos sin evadir el estrés, lograr soluciones, resolver rápido y competir contra reloj.

EVIDENCIA DE APRENDIZAJE

Nota para el maestro/conferencista: Haz competencias de rapidez. Elige una o varias dinámicas de velocidad para contestar acertijos, resolver problemas o hacer presentaciones. Reflexiona con ellos respecto a *cómo la rapidez se interpreta como inteligencia.* Invítalos a hacer un ensayo con los siguientes datos.

Escribe un artículo en el que hables de la importancia del tiempo para ti. Menciona ejemplos personales de cómo te diste cuenta de que el tiempo pasa rápido y debemos aprovecharlo.

Memoriza los puntos principales de tu artículo y exponlo mediante un video o una presentación pública.

ENERGÍA POTENCIAL PRODUCTIVA

Nota para el maestro/conferencista: Imparte a tus alumnos una conferencia sobre la actitud. El objetivo es hacer que *identifiquen entre ellos las malas actitudes que han surgido en sus familias y organizaciones.* Complementa tu exposición con fragmentos del video de Víctor Küppers, "El valor de tu actitud" (también puedes pedirles que lo vean de tarea).

Nos movemos gracias a la energía. A mayor energía, mayor capacidad de acción. Los individuos **ENFOCADOS EN RESULTADOS** tienen *más* **ENERGÍA PRODUCTIVA.** Esta puede ser **POTENCIAL** y **CINÉTICA.**

Qué es la ENERGÍA POTENCIAL.

La energía potencial es la que tiene un objeto debido a su posición en un campo de fuerzas. Una flecha colocada en un arco estirado, lista para ser lanzada, tiene gran energía potencial. Aunque el arquero se encuentre inmóvil, la flecha tiene la *posición perfecta* para salir volando en cualquier momento. Al instante en el que el arquero la suelte, la energía potencial de la flecha se convertirá en energía cinética.

Observa el siguiente diagrama de física[1]:

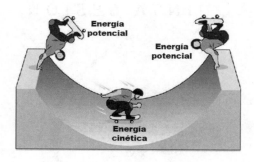

Adán era buzo de apnea. Quería romper el récord de buceo sin tanque en las profundidades. La semana de su inmersión hubo una tormenta.

Adán no se enteró de las fuertes corrientes subacuáticas de agua fría hasta que descendió a las profundidades en apnea libre. La línea guía se movía como nunca. Vio un par de tiburones hambrientos que nadaban en las corrientes heladas. Encendió la linterna estroboscópica para ahuyentarlos. En las maniobras se quedó sin aire. ¿Aún podía salvarse?, ¿contaba con la **energía potencial** para moverse rápido y salir de ahí?

Echó un vistazo a la membrana que colgaba sobre su cabeza. Era un globo de ascensión desinflado. Adán tenía **el poder** para inflarlo de manera instantánea y activar ese mecanismo salvador de los buzos de apnea profunda. En ese mecanismo se centraba su **energía potencial**. Jaló el gatillo. El globo se llenó de aire con un estallido y Adán salió disparado hacia la superficie.

1. https://sites.google.com/site/mevejigusah/home/energia-potencial-y-cinetica.

Repasando. Las personas tenemos dos tipos de **ENERGÍA PRODUCTIVA**: **POTENCIAL** y **CINÉTICA**. En este capítulo estudiaremos la **POTENCIAL,** o sea, la que nos brinda facultades de actuar. Hay personas que tienen más **POTENCIAL** que otras para lograr sus metas.

- En un partido de futbol a nivel copa del mundo, ¿quién tendrá más **potencial,** el futbolista novato que nunca ha participado en un mundial, o el experimentado que tiene toda la maestría?

- ¿Quién tendrá más **potencial** para llevar adelante una familia?, ¿la persona equilibrada, realizada y feliz, o la traumada, insegura y llena de problemas?

- ¿Quién tendrá más **potencial** para dirigir un equipo de trabajadores de la construcción?, ¿una abuelita ama de casa o un arquitecto contratista?

ENERGÍA POTENCIAL PRODUCTIVA. Es la que proviene de la posición y las aptitudes del individuo.

FACTORES QUE BRINDAN ENERGÍA POTENCIAL PRODUCTIVA

Cuando alguien tiene la mentalidad adecuada y está dispuesto a actuar (aunque todavía no se mueva) tiene **ENERGÍA POTENCIAL.**

Imagina que necesitan contratar a un líder para determinado proyecto. Después de una extensa selección, los expertos eligen a diez posibles candidatos. Los diez parecen capaces. Los diez tienen un gran currículo. Cualquiera podría ocupar el puesto. ¿Cómo saber cuál de los candidatos es el mejor? Tendrás que enfocarte en descifrar cuál de ellos tiene los atributos de la **ENERGÍA POTENCIAL PRODUCTIVA**: que esté dispuesto a trabajar duro pagando el precio de las cosas; que sea altamente competitivo; que sea puntual y no falte por ningún motivo; que no crea saberlo todo y quiera seguir aprendiendo; que tenga capacidad para encontrar la solución a los problemas en vez de estar buscando lo malo de todo; que sea alegre, entusiasta y proactivo. Solo a esa persona deben contratar.

Estos son los cinco factores que determinan la energía potencial productiva:

1. Mentalidad y *buena actitud* para trabajar duro y PAGAR EL PRECIO del esfuerzo.

2. Mentalidad y *buena actitud* para competir contra reloj.

3. Mentalidad y *buena actitud* para estar presentes, llegar puntuales y conquistar el terreno pisando con los pies.

4. Mentalidad y *buena actitud* para capacitarse y estudiar continuamente.

5. Mentalidad y *buena actitud* para resolver problemas.

Observa. El hilo conductor, el común denominador es este:

ACTITUD

A veces importa más la actitud que la aptitud. Una persona capaz, pero con mala actitud, echa todo a perder y se convierte en indeseable. En cambio, una persona que aún no tiene todos los conocimientos, pero sí el deseo de aprender y servir, tarde o temprano logrará encajar y ayudar al equipo.

Andrés se dio cuenta de que sus compañeros eran unos hipócritas. Hablaban mal de él a sus espaldas. También se percató de que sus jefes lo utilizaban.

Llegó a la conclusión de que, si trabajaba de forma leal, tarde o temprano acabarían abusando de él. Entonces se puso a la defensiva. Dejó de hacer las cosas correctamente. Atento a cualquier indicio de incoherencia se volvió un pregonero de todo lo malo que había en el corporativo.

Quienes querían ponerse en contra de la organización, acudían a Andrés. Poco a poco fueron engrosando un grupo de protesta subversivo con vastos argumentos de odio y división. Andrés se volvió mentiroso y manipulador. Se ganó el mote de Demonio de la Transformación. Logró romper la unidad y partió al equipo en dos. Armó su propia pandilla de resentidos y quejosos. Entre ellos se incitaban a hacer la guerra contra el corporativo. Algunos, como su líder, eran capaces e inteligentes, aunque estaban enfocados en demoler las estructuras de concreto con la promesa de que después las levantarían de nuevo con palitos de madera.

Ninguna persona en la historia del corporativo había hecho tanto daño como Andrés. Por fortuna, la organización era fuerte, y al final pudo deshacerse de él. Pero la lección quedó clara para todos: de nada sirve tener personas inteligentes y capaces en el equipo si carecen de la mentalidad correcta y la actitud positiva.

Tener buena actitud es estar abierto a las posibilidades. No quejarse de todo. La persona con **ENERGÍA POTENCIAL PRODUCTIVA** sabe que siempre *se puede* encontrar un camino; sabe que todo es negociable, y mientras no se diga la última palabra, hay esperanza. No pone la lupa en los errores para agrandarlos y crear división. Su anhelo no es la descalificación, ni acribillar a los que están en desacuerdo con él. Al contrario, su prioridad es encontrar los puntos de unión, reparar lo roto, exaltar lo bueno y consolidar al equipo.

Las personas con buena actitud aman lo que hacen. Y lo aman por decisión propia. Trabajan alegres porque decidieron disfrutar lo que hacen. En los momentos difíciles no se esconden ni se quedan con los brazos cruzados; no se deprimen ni se sienten víctimas. Aceptan el dolor útil y redoblan sus fuerzas para seguir luchando; cuando las cosas van mal es cuando mejor tratan a las personas: son pacientes, sonríen, son amables, contagian un estado de ánimo esperanzador. Son entregadas. Cuando se pierde la entrega, se pierde la **ENERGÍA POTENCIAL PRODUCTIVA.**

Rodrigo era un maestro sin entrega. Solo se preocupaba por tener un mejor puesto en el sindicato y participar en protestas laborales.

Un día se le acercó su mejor alumna y le preguntó:

—Maestro, ¿cuándo fue la última vez que preparó una clase?

Él se le quedó viendo a la niña sin comprender.

—¿A qué te refieres?

—¿Desde cuándo no piensa en sus alumnos?

Entonces Rodrigo se molestó. ¿La chica le estaba reclamando porque él había perdido la pasión de dar clases y el amor por sus estudiantes?

Aunque Rodrigo era experto en reclamar, no le gustaban que le hicieran reclamos, así que fue con el director de la escuela (su amigo) para pedirle que sancionara a la alumna por faltarle el respeto a las autoridades.

Y así se hizo.

Sin ser optimista a ultranza, una persona entregada mantiene una actitud esperanzadora. Suele decir:

Vamos a salir de esta. Sí podemos. Mantengamos la calma, no discutamos, no nos separemos, la unión hace la fuerza. Concentrémonos en "el cómo" sí se pueden resolver los problemas y no en "el por qué" no se puede. Mantengamos la fe, seamos entusiastas, todos con buena cara. Enfrentemos el reto con la mirada en alto, vamos a lograrlo.

ACTITUD y FELICIDAD son un binomio inseparable. ¡Imagínate un equipo conformado por varias personas que piensan así! Sería imparable. También sería feliz. Y la organización *Best Place to Work* asegura que las personas felices son las más productivas.

EVIDENCIA DE APRENDIZAJE

Nota para el maestro/conferencista: Pide a tus alumnos que contesten las siguientes preguntas y compartan sus respuestas con los demás. Haz que redacten y firmen un compromiso de buena actitud para con el equipo. Exhórtalos a *un cambio de mentalidad y actitud ante la adversidad.*

1. *Investiga y haz un resumen científico de los dos tipos de energía que existen.*

2. *Considerando* **los cinco factores** *que brindan* ENERGÍA POTENCIAL PRODUCTIVA, *¿quién es, entre tus conocidos, la persona con* **más** ENERGÍA POTENCIAL PRODUCTIVA *que conoces? Describe el carácter de esa persona o narra una anécdota respecto a ella.*

3. *¿Quién es, entre tus conocidos, la persona con* **menos** ENERGÍA POTENCIAL PRODUCTIVA *que conoces? Describe el carácter de esa persona o narra una anécdota respecto a ella.*

4. *Considerando los cinco factores estudiados, ¿cómo te consideras tú respecto a tu propia* ENERGÍA POTENCIAL PRODUCTIVA?

5. Si tuvieras que escribir un contrato para que todos los miembros de tu equipo mantuvieran siempre una buena actitud, ¿qué cláusulas pondrías?

SEXTA SESIÓN

ENERGÍA CINÉTICA PRODUCTIVA

Nota para el maestro/conferencista: Imparte a tus alumnos una conferencia sobre la inercia de movimiento. El objetivo es *demostrarles que el movimiento es poder, que la acción quita el miedo, que solo la activación voluntaria los hace productivos*. Muéstrales un video de trenes rompiendo tráileres y abriéndose paso ante cualquier obstáculo. Hazlos vivir la experiencia de moverse.

La **ENERGÍA POTENCIAL** es la energía de las "posibilidades". La **CINÉTICA** es la de "la acción". Sin la primera no puede existir la segunda, pero sin la segunda no sucede nada.

Hablemos de la ENERGÍA CINÉTICA.

Para lograr resultados debemos movernos. Movernos voluntariamente. Si lo hacemos, nuestros movimientos se convertirán en **INERCIA DINÁMICA**.

○ **¿Recuerdas que, en tu niñez, cuando te subías a un columpio** te empujabas con los pies y te mecías con el cuerpo, y llegaba un momento en el que casi volabas y le dabas la vuelta al travesaño? ¿Por qué? Por la **ENERGÍA CINÉTICA**.

○ **Es como el caso de un tren que pesa miles de toneladas** y va corriendo sobre la vía a toda velocidad. Su **ENERGÍA CINÉTICA** es tan arrolladora que, si se le atraviesa un autobús, o un muro, o una casa, romperá el obstáculo y seguirá de frente.

El poder del tren está en el movimiento. No en su máquina ni en sus ruedas ni en su estructura, sino en la **INERCIA DINÁMICA que impulsa su peso.**

El movimiento da un poder exponencial. La falta de movimiento crea inercia estática.

En las mañanas tu ENERGÍA CINÉTICA PRODUCTIVA es nula. Eres como un camión de carga que debe arrancar, o como un pesado tren detenido. Cuando suena el despertador, apenas puedes mover la mano para apagarlo. No tienes fuerzas. Debes tomar control de tu energía cinética provocando un ritmo en tu mente.

BEAT CEREBRAL

El cerebro trabaja a cierta velocidad, siguiendo un *beat*.

Cuando vamos a un gimnasio y nos incorporamos a una clase de ejercicios cardiovasculares suele haber música. ¿Qué clase de música? ¿Un vals? ¿Una ópera de Verdi? ¿Un bossa nova? La música es el mejor generador de **BEAT CEREBRAL**.

En un gimnasio se escucha música rápida, intensa, con **BEAT ACELERADO**. Eso pone en ritmo al cerebro y nos dispone a la acción.

El **BEAT CEREBRAL** ocurre todo el día a todas horas. Es una música que generamos *de adentro hacia fuera*. Determina nuestras reacciones y movimientos físicos. Lo más importante es que nosotros tenemos control de ese **BEAT**.

RITMO PRODUCTIVO

Podemos acelerar o disminuir nuestro BEAT CEREBRAL. Dependiendo del nivel de autoexigencia y velocidad que nos impongamos. A eso le llamamos **RITMO PRODUCTIVO**.

Básicamente, las personas podemos trabajar en cinco diferentes niveles de **RITMO PRODUCTIVO: RP1, RP2, RP3, RP4 y RP5**.

Como se trata de **autoexigencia y velocidad**, tú podrás controlarla.

La **ENERGÍA CINÉTICA PRODUCTIVA es voluntaria.** Nosotros la provocamos. A partir de hoy la productividad ya no será un asunto azaroso. Analicemos los cinco niveles de **RITMO PRODUCTIVO** que podemos generar.

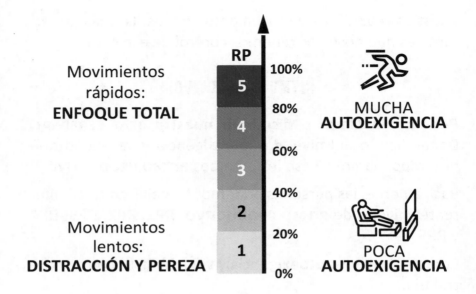

	RP		
Movimientos rápidos: **ENFOQUE TOTAL**	5	100%	**MUCHA AUTOEXIGENCIA**
	4	80%	
	3	60%	
	2	40%	
Movimientos lentos: **DISTRACCIÓN Y PEREZA**	1	20%	**POCA AUTOEXIGENCIA**
		0%	

RP1: 20 % DE AUTOEXIGENCIA Y VELOCIDAD

Benito se puso de acuerdo con cinco amigos para salir a correr al parque a las seis de la mañana. Tenían la intención de comenzar a entrenar para una carrera de diez kilómetros. Cuando el despertador sonó a las 5:30, Benito alargó el brazo y pospuso la alarma diez minutos. Cuando sonó a las 5:40 volvió a hacer lo mismo. Se sentía agotado, indispuesto por completo. A las 5:50 apagó el despertador, abrazó la almohada, se tapó con las cobijas y decidió dejar plantados a sus amigos.

Todos amanecemos sin energía. Aletargados. Con ganas de seguir durmiendo. Nos levantamos al 20% de nuestra capacidad. En RP1. Se describe en dos palabras: MÍNIMO ESFUERZO.

Salir al parque a entrenar en RP1 es igual a <u>CAMINAR</u>. Caminar es cómodo. Nos permite charlar, comer, mirar alrededor, revisar el teléfono.

Trabajar en RP1 es igual a ser abiertamente perezoso: llegar tarde, irse temprano, descansar en horas laborales, ir al baño varias veces, tomar café, ver redes sociales, comer golosinas, alargar las conversaciones, hacer llamadas personales y perder el tiempo de forma descarada.

El RP1 se contagia. Por eso hay empresas en las que flota la intención colectiva de hacer poco, hacerlo despacio y hacerlo mal. El RP1 también es un estado entrópico. Es decir, la gente tiende a él. Incluso cuando alguien está trabajando más rápido, cualquier distracción o excusa lo hace desacelerar y volver al mínimo esfuerzo. No hay manera de obtener buenos resultados en **RITMO PRODUCTIVO UNO**, porque es sinónimo de pereza.

RP2: 40 % DE AUTOEXIGENCIA Y VELOCIDAD

Salir al parque a entrenar en RP2 se llama <u>TROTAR</u>. Trotamos al 40% de nuestra capacidad. Durante el trote *parece* que avanzamos, pero seguimos en una *zona de comodidad*.

Trabajar en RP2 es igual a aparentar. Aparentamos esfuerzo, aunque en realidad hacemos lo menos posible.

El RP2 es el ritmo más popular. La mayoría lo practica con maestría: balancea los brazos, se limpia el sudor y se finge extenuado, pero en realidad no quiere cansarse, ni estresarse. Cree que le pagan para sobrellevarla, no para sobresalir. La persona dice: "ya qué", "no hay de otra", "ni modo", "ni hablar", "aquí nomás trabajando como esclavo", "hago como que trabajo porque hacen como que me pagan", "miren qué listo soy: gano bien y no hago nada".

En el edificio donde trabajaba Ulises había un elevador viejo, pequeño y lento. Dos veces al día Ulises tenía que llevar documentos a otro piso. Oprimía el botón para llamar al elevador y se quedaba esperando por largos minutos. Miraba el reloj y hacía cara de desesperación porque el elevador no llegaba. Ulises vivía en RP2: fingía que trabajaba y hacía lo mínimo posible. Se la pasaba inventando razones para ir de un piso a otro a todas horas, siempre cargando una carpeta debajo de la axila. Pero llegó Martha, una nueva empleada con un ritmo productivo más alto. Cuando hacía falta, Martha subía y bajaba corriendo las escaleras. Cumplía con el trabajo de manera eficiente mientras Ulises seguía esperando el elevador.

En RP2 la persona se queja por todo, finge dolencias, finge accidentes, finge enfermedades de trabajo, finge que avanza, finge que resuelve, finge que produce... solo *finge*.

RP3: 60 % DE AUTOEXIGENCIA Y VELOCIDAD

Salir al parque a entrenar en RP3 es <u>CORRER EN EQUILIBRIO</u>. Usamos el 60% de esfuerzo. En RP3, ahora sí estaremos entrenando y progresando, con un ritmo natural en el que podremos alargar el ejercicio mucho tiempo. Lo que importa en RP3 es que avanzamos de verdad, aunque sin agotarnos, consiguiendo al fin **ENERGÍA CINÉTICA PRODUCTIVA**.

Trabajar en RP3 es ser eficaz. Lograr objetivos, uno tras otro. Hacer lo que debemos hacer con buenos resultados.

Uno de los magos más connotados del mundo se presenta todos los días en Las Vegas. Ha repetido su rutina tantas veces que sale al escenario en RP2, aburrido, con baja energía. Los dueños del casino contrataron a un coach de oratoria para que lo ayudara a recuperar su ritmo. El coach llevó un trampolín individual, lo puso detrás del escenario y le dijo al mago:

—Antes del espectáculo vas a saltar cincuenta veces en este trampolín. Con energía. De menos a más. Hasta que logres poner tu cuerpo y mente en un ritmo alto. Solo entonces saldrás a escena.

Cuando el mago aprendió a ponerse en RP3, el espectáculo mejoró de forma radical.

El RP3 es un nivel de buena eficiencia: nuestro objetivo de cada jornada. Mientras más días de nuestra vida (y más horas) logremos estar en RP3 (o RP4), seremos personas más productivas.

RP4: 80 % DE AUTOEXIGENCIA Y VELOCIDAD.

Entrenar al 80% se llama CORRER CON DOLOR. En este nivel nuestros signos vitales se elevan al límite y conseguimos una **ENERGÍA CINÉTICA PRODUCTIVA** arrolladora.

A los atletas de alto rendimiento se les dice "debe dolerte" *(no pain, no gain);* cuando te duelan los músculos, cuando estés a punto de vomitar o gritar, ¡aguanta!, ¡permanece en la carrera! Es el instante justo en donde la mayoría de tus competidores desertarán. Si sigues ahí te llegará el segundo aire: de pronto tu cuerpo se protegerá y lanzará una descarga hormonal que te llevará a un estado de mayor eficiencia, y la energía regresará, y todos tus sistemas trabajarán mejor. Entonces ganarás. En RP4 aceptamos el dolor que sirve. Porque el dolor sirve. Es señal de lesión, al principio, y después, de reconstrucción.

RP4 es ENERGÍA CINÉTICA PRODUCTIVA de resultados extraordinarios. Ninguna gran empresa o proyecto se pueden lograr sin el esfuerzo continuo y doloroso en RP4 de sus creadores. Trata de alcanzar ese nivel, *por lo menos una vez cada día.*

Xavier y Ximena eran responsables de presentar un espectáculo de circo moderno. Cuando faltaban dos semanas para el gran estreno, el teatro se incendió. Tuvieron que cambiar de sede. Pero en el incendio se perdió mucha producción que ya estaba preparada. Xavier y Ximena se vieron obligados a trabajar, con su equipo, jornadas agotadoras. En diez días volvieron a hacer el trabajo de un año. La carga fue tan abrumadora que sintieron un dolor físico y emocional intenso, y supieron lo que es trabajar en RP4. Contra todo pronóstico, lograron reconstruir el espectáculo. El estreno fue un éxito.

RP5:100 % DE AUTOEXIGENCIA Y VELOCIDAD

Si sales a correr al parque en RP5 estarás haciendo un **SPRINT**. Es una carrera de velocidad máxima, explosiva, anaeróbica. 100% de tu esfuerzo. En un sprint das todo de ti, al grado de que aun después de quedarte sin fuerzas y sin aire, cuando estás al borde de la extenuación total, todavía sigues dando más hasta que llegas a la línea de meta y "mueres" (de ahí viene la frase "muérete en la raya").

Zulu era corredora de fondo. Quería ser campeona del mundo, había trabajado toda su vida para llegar a serlo. Cuando participó en el campeonato se enfrentó con rivales poderosas. Faltando cien metros se dio cuenta de que podría perder la carrera si no hacía algo. Entonces inhaló a fondo y dio todo de sí hasta "quemarse". Su esfuerzo fue tan grande que apenas cruzó la meta se desplomó inconsciente. La llevaron al hospital. Cuando volvió en sí le dijeron: "Ganaste por una milésima de segundo".

En el RP5 se realiza un esfuerzo máximo. La **ENERGÍA CINÉTICA PRODUCTIVA** de este nivel es insostenible por mucho tiempo. Ocasiona un sobresfuerzo que nos hará caer rendidos. Usamos RP5 en los momentos de crisis o peligro. Por ejemplo, si un cliente difícil te demanda o si recibes un citatorio judicial, en un terremoto, un incendio, un accidente, ante la amenaza de un robo o agresión.

RITMO A VOLUNTAD

El salto de ritmo es gradual. Una persona que vive normalmente en RP1-2 no podrá ir a RP5 de pronto, ante una emergencia se paralizará, llorará, se esconderá. Pero quien vive en RP3-4 tiene la **INERCIA** necesaria para moverse hacia arriba cuando hace falta.

Los hechos solo suceden cuando nos movemos. De nada sirve soñar, tener fe y buena actitud si no hacemos las cosas. No basta con tener **ENERGÍA POTENCIAL.** Hay que ponerla en acción con la **ENERGÍA CINÉTICA**, y eso se hace de forma voluntaria.

Pocas personas son conscientes de su BEAT CEREBRAL. Ese es el problema. La gente no sabe por qué algunos días es más eficiente que otros. Pero el entrenamiento para ser personas de alta productividad consiste justo en concientizarnos de nuestro **RITMO PRODUCTIVO.** Debemos aprender a medirlo y elevarlo. Por eso debemos decir: *ante cualquier reto importante, elevo mi energía y me enfoco.*

EVIDENCIA DE APRENDIZAJE

Nota para el maestro/conferencista: Haz un ejercicio cinestésico con tus alumnos. Después de explicarles los diferentes tipos de ritmo, pídeles que se pongan de pie y corran en su lugar un minuto en RP1, un minuto en RP2, un minuto en RP3, 20 segundos en RP4, y 10 segundos en RP5. Ponles diferente ritmo de música en cada caso. Llévalos a reflexionar en cómo este ejercicio físico es equivalente al beat mental del trabajo diario. Resuelve sus dudas y haz que se comprometan a vivir entre RP3-4.

1. Memoriza esta frase: "La **ENERGÍA CINÉTICA PRODUCTIVA** solo entra en acción cuando estamos en RP3, 4 y 5".

2. Di en voz alta la frase anterior.

3. Explícala y da ejemplos de cómo aplicarías esta frase en tu vida diaria.

Séptima sesión

AUTOCONFIANZA Y TIMING

Nota para el maestro/conferencista: Este es uno de los temas más técnicos del curso. Para que tus alumnos lo comprendan **impárteles la conferencia en TIMING PERFECTO**. El objetivo es *hacerlos comprender y aplicar el secreto más importante para lograr resultados: la combinación adecuada de autoconfianza y ritmo*. Puedes mostrarles el video de Beau Dermot, "Britain's Got Talent 2016", para enseñarles cómo pueden elevar su AUTOCONFIANZA. Haz que se comprometan a vivir y trabajar en TIMING PERFECTO.

Con ENERGÍA POTENCIAL y CINÉTICA seremos muy productivos. Casi como *máquinas de productividad*. Pero las personas no somos máquinas. A los japoneses (de forma cultural) se les enseña a vivir en RP4-5. Son uno de los pueblos más productivos del mundo, sin embargo, también son los que tienen el índice más alto de suicidios.

Los seres humanos somos emocionales. No somos robots. No es suficiente enfocarnos en vivir todos los días con un alto nivel de **RITMO PRODUCTIVO**; también debemos lograr un nivel alto de autoconfianza. Esto nos lleva a tener el **FLOW** o **TIMING PERFECTO**.

AUTOCONFIANZA

Queremos llegar al FLOW O TIMING PERFECTO. Para eso necesitamos **AUTOCONFIANZA:** creer en nosotros mismos, sentirnos seguros, con alegría intrínseca y un alto grado de entrega.

Todos tenemos un diálogo interior. De nada nos sirve tratar de enfocarnos en el ritmo y en el rendimiento si nuestro diálogo interior nos está diciendo todo el tiempo que podemos fallar, que esto no nos gusta, o que tenemos otras cosas más importantes que hacer. Igual que como determinamos el nivel de **RITMO PRODUCTIVO,** usaremos una escala de cero a cien para medir la **AUTOCONFIANZA**.

Dividiremos los niveles de **AUTOCONFIANZA** en cinco: 20%, 40%, 60%, 80% y 100%. Aunque hay estadios intermedios, para simplificar diremos que la **AUTOCONFIANZA** tiene cinco niveles. Podemos movernos de un nivel a otro en el mismo día; o estar arriba y de repente estar abajo, o al revés. Lo importante es entender cómo funciona la escala y manejarla:

AC1: 0-20% DE AUTOCONFIANZA
TEMOR PARALIZANTE

En AC1 tenemos miedo y nos sentimos incompetentes. Nuestra mente genera supuestos fatalistas; creemos que las cosas difíciles se van a poner mucho peor; nos imaginamos aplastados, ridiculizados, avergonzados, avasallados. Agrandamos las posibilidades negativas.

La autoconfianza 1 (AC1) nos inmoviliza. Con tal inseguridad extrema no podemos levantarnos del sillón porque sentimos el miedo en el cuerpo como taquicardia, presión en el pecho y asfixia.

En el nivel uno de autoconfianza (AC1) no es posible trabajar; la persona estará distraída, desenfocada, aterrada de hablar, actuar o atreverse.

AC2: hasta 40% DE AUTOCONFIANZA
ANSIEDAD, NERVIOSISMO

En AC2 salimos del escondite y tratamos de hacer algo. Aunque seguimos llenos de ansiedad, parece que nuestro cuerpo tuviera millones de agujas diminutas encajadas, vibrando en las terminales nerviosas. El nerviosismo es un dolor incesante que nos produce hipertensión arterial y taquicardias. En AC2 estamos dispuestos a actuar, pero oprimidos por una terrible inseguridad. Eso tampoco nos permite trabajar como deberíamos.

AC3: hasta 60% DE AUTOCONFIANZA
CONCENTRACIÓN

En AC3 hemos alcanzado un buen nivel de seguridad. Nos enfocamos, estamos conscientes de los peligros y dificultades, pero nos sentimos seguros de salir adelante. Nos concentramos en el trabajo, lo hacemos bien, y conservamos la humildad de saber que si nos distraemos podemos fallar.

En AC3 comienza a suceder el ESTADO DE FLUJO o FLOW. Aunque ese estado se alcanza plenamente en AC4, es interesante lo que empieza a ocurrir aquí:

Mihály Csíkszentmihályi, psicólogo de la Universidad de Chicago, después de treinta años de investigaciones desarrolló un concepto para definir el proceso creativo de alta concentración y eficiencia: ESTADO DE FLUJO o FLOW.

En ese estado la persona tiene:

1. **CLARIDAD DE LAS METAS:** *Sabe lo que quiere hacer y lograr.*

2. **CONCIENCIA DE QUE PUEDE FALLAR:** *Mantiene la humildad de aprender y el respeto a lo que hace.*

3. **CONCENTRACIÓN:** *Se enfoca en lo que realiza **ahora**, y lo disfruta tanto que pierde la noción del tiempo.*

El **FLOW** es un estado emocional óptimo para trabajar.

AC4: HASTA 80% DE CONFIANZA
APASIONAMIENTO

En AC4 la persona se apasiona. Se olvida de sí misma, trabaja con intensidad exenta de cualquier viso de miedo. Siente una satisfacción intrínseca y disfruta poderosamente lo que está haciendo.

El FLOW comienza en AC3 y se perfecciona en AC4. Implica tal complacencia en el trabajo o actividad, que tiene derivaciones somáticas positivas, incluso sanadoras.

Cuentan que Pablo Casals, a los noventa años padecía enfisema pulmonar y artritis deformante. Aunque tenía los dedos agarrotados, todas las mañanas se sentaba al piano a tocar. Al principio le costaba horrores atinar a las teclas adecuadas, fallaba, desafinaba, pero insistía. Poco a poco iba subiendo de un nivel de autoconfianza de AC2 hasta AC4. Paulatinamente ocurría en él ese milagro físico que solo puede darse cuando actuamos de manera apasionada; sus dedos deformes comenzaban a estirarse y a moverse con más agilidad. Casals cerraba los ojos y se entregaba a la música olvidándose de todos sus temores y haciéndose uno con el piano.

El nivel AC4 de autoconfianza se necesita para hacer obras maestras como las que hizo Beethoven cuando ya estaba sordo. Escribió por ejemplo la Novena Sinfonía, *Coral*, la obra musical más grande de la historia. Una hazaña como esa jamás hubiera podido realizarse en otro nivel que no fuera AC4.

AC5: 100% DE AUTOCONFIANZA
ESTAR SOBRADO

El nivel AC5 se llama "estar sobrados". Sobrepasa los límites aceptables de autoconfianza. Cuando estamos SOBRADOS creemos que somos invencibles, sentimos que podemos hacer todo y lo sabemos todo. Nos imaginamos como semidioses, infalibles y perfectos.

Ve la siguiente gráfica:

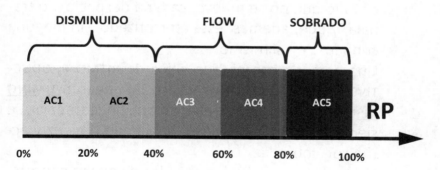

TOMANDO CONTROL DE NUESTRA AUTOCONFIANZA

Beau Dermott, una niña de doce años que amaba cantar, se presentó ante el jurado de Britain's Got Talent frente a miles de personas en vivo y millones de televidentes. Estaba muy nerviosa (AC2), pero no tenía miedo extremo. Beau comenzó. Para pasar del estado AC2 al AC3 tuvo que concentrarse de forma consciente y voluntaria. En AC3 la niña reconoció su vulnerabilidad y entendió que debía esforzarse por hacerlo bien. Fue subiendo su fuerza hasta llegar a AC4, un clímax de apasionamiento. El auditorio rompió en aplausos de pie. Los jueces le dieron el premio máximo: el botón de oro. Sin llegar a la arrogancia de AC5, Beau fue subiendo de autoconfianza, como acostumbran hacerlo las personas verdaderamente grandes.

NIVELES DE TIMING

TIMING es la unión de RITMO PRODUCTIVO y AUTOCONFIANZA. En el CUADRANTE TIMING podemos ver diferentes puntos según las combinaciones de RP y AC:

1. Una persona con los niveles extremadamente bajos de RITMO PRODUCTIVO (RP1) y de AUTOCONFIANZA (AC1) tiene un TIMING MUERTO. Imagínate a un individuo que no se mueve, camina despacio, no trabaja, y que, además, está aterrorizado, sin ninguna confianza en sí mismo.

2. Una persona con niveles bajos de RITMO PRODUCTIVO (RP2) y AUTOCONFIANZA (AC2) tiene un TIMING DISMINUIDO. Imagina a alguien que finge trabajar, se siente inseguro y nervioso, habla con timidez y actúa con cobardía.

3. Una persona con buenos niveles de RITMO PRODUCTIVO (RP3) y AUTOCONFIANZA (AC3) tiene un TIMING PRODUCTIVO. Se mueve rápido y con perseverancia. Se sabe capaz. Puede trabajar muchas horas, concentrado, sin cansarse, alcanzando excelentes resultados.

4. Una persona con niveles altos de RITMO PRODUCTIVO (RP4) y AUTOCONFIANZA (AC4) tiene un TIMING PERFECTO. La persona tiene acciones intensas y poderosas, está en FLOW, trabaja apasionadamente con máxima creatividad y eficiencia.

5. Una persona con niveles demasiado altos de RITMO PRODUCTIVO (RP5) y AUTOCONFIANZA (AC5) tiene un <u>TIMING VIOLENTO</u>. Imagina a un individuo que se mueve rapidísimo, de forma agresiva, pero que también es soberbio, ególatra y petulante.

CUADRANTE TIMING

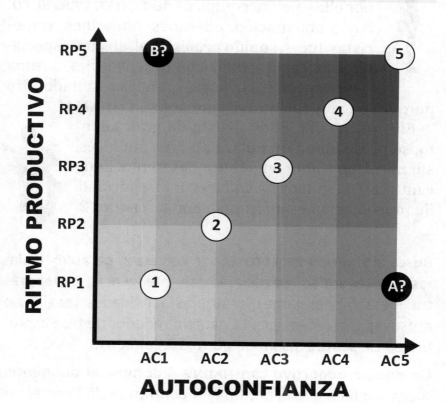

1 TIMING MUERTO (RP1- AC1)
2 TIMING APAGADO (RP2- AC2)
3 TIMING PRODUCTIVO (RP3- AC3)
4 TIMING PERFECTO (RP4- AC4)
5 TIMING VIOLENTO (RP5- AC5)

Timing perfecto (o timing 4), es nuestro gran objetivo. Si aprendemos a generarlo, nuestra vida productiva será otra. En una organización, el **timing perfecto** se da gracias a un gran trabajo en equipo.

 Susana es una artista regular. Se presenta en el Auditorio Nacional. Pero el ecosistema creado por ella y por su equipo es de **timing perfecto**: hay ambientación, edecanes, bailarines, trapecistas, luces, sonido profesional, efectos especiales. Ella canta y baila con desenvoltura. Susana se ve espectacular. Logra grandes resultados. No porque sea muy talentosa, ¡sino por su **timing 4**!

Ese mismo día, Eddy, artista de gran talento, se presenta en una plaza abierta, sin luces, sin micrófono, ante un público desatento. Eddy canta con su guitarrita con cierta inseguridad. Su presentación es un fracaso por su **timing 2**.

Busca el timing perfecto. Eso te volverá imparable: hablarás con seguridad, negociarás con inteligencia, expondrás tus ideas con brillantez, realizarás actividades técnicas o artísticas con excelencia. La gente alrededor de ti se asombrará y se sentirá inspirada por tus resultados.

Un equipo deportivo con timing 4 domina al oponente. Juega tan bien que el entrenador contrario solo tiene el recurso de pedir tiempo fuera para tratar de romper el ritmo y la confianza del equipo ganador. Para ser el mejor debes lograr y mantener el **timing perfecto**.

Si tu nivel de timing es malo, todo se ve mal y sale mal (sin importar cuánta inteligencia y aptitudes tengas). ¡Este es un concepto clave para tu vida y tu trabajo! Tu equipo también debe lograr esa fuerza imparable del **timing 4**.

Con ese nivel de **TIMING** diario, alcanzarás resultados que nunca imaginaste.

EVIDENCIA DE APRENDIZAJE

Nota para el maestro/conferencista: Realiza con tus alumnos ejercicios para describir a las personas en diferentes puntos del **CUADRANTE TIMING**. Como ejemplo, usa las preguntas 2 y 3 siguientes. Compromételos a llevar un diario de **TIMING** en una tabla como la que se sugiere en la pregunta 4. Pídeles que hagan en clase, o de tarea, una investigación sobre la pregunta 1.

1. *Investiga y haz un resumen de quién fue Mihály Csíkszentmihályi, y en qué consiste el estado de flujo según este psicólogo.*

2. *En el* **CUADRANTE TIMING** *describe cómo sería la persona que se muestra en (A?) y (B?).*

3. *Elige a tres personas que conozcas bien. Una muy sobresaliente, una regular y otra problemática. Explica en qué punto del* **CUADRANTE TIMING** *se encontrarían esas personas, y describe cómo serían.*

4. *Haz una tabla en la que puedas medir tu nivel de* **TIMING** *diario durante un mes. En la página siguiente encontrarás un ejemplo de la tabla que puedes hacer y llenar:*

Fecha	RP del día	AC del día	TIMING	Qué hice - Qué aprendí

Octava sesión

EXAMEN DEL BLOQUE 1

Nota para el maestro/conferencista: Después de siete sesiones de enseñanza intensa, es momento de medir el aprendizaje de tus alumnos. Aplícales un examen basado en la siguiente guía de estudios.

GUÍA DE ESTUDIOS DEL BLOQUE 1

1. *¿Por qué razón lograr resultados equivale a meter goles?*
2. *¿Por qué se dice que los goles no son retrospectivos?*
3. *¿Qué significa MER?*
4. *Define designios.*
5. *¿Qué son los designios MER?*
6. *¿Cómo se miden los designios MER?*
7. *¿Cuáles son las dos dimensiones para las que trabajamos?*
8. *¿Por qué no podemos renunciar a una de ellas?*
9. *En función de MER, ¿cuál es tu misión en la vida?*
10. *Da ejemplos de personas que hablan mucho y hacen poco.*
11. *Da ejemplos de diferentes goles para diferentes trabajadores.*

12. Dibuja el diagrama de las diferentes acciones ante un problema.

13. ¿Cómo es la mentalidad derrotista ante los problemas?

14. Explica el dilema japonés.

15. ¿Por qué a los problemas les llamamos tiburones?

16. ¿Qué es un problema involuntario? Da ejemplos.

17. ¿Qué es un problema deliberado? Da ejemplos.

18. ¿Cómo se convierte un problema involuntario en algo positivo?

19. ¿Por qué las personas que más progresan crean problemas deliberados?

20. ¿Qué es la mentalidad derrotista?

21. ¿Cuál es la razón por la que nos contratan en una organización?

22. Completa la frase: "mis sueños son más grandes que mis miedos..."

23. ¿Por qué se dice que querer todo gratis es un problema cultural?

24. ¿Cuál es la trampa que nos tiende el Internet?

25. ¿Cuáles son las connotaciones de no querer pagar?

26. ¿Por qué el pensamiento ladrón es contraproducente?

27. ¿Por qué el coronavirus afectó la productividad?

28. ¿Qué es el compromiso?

29. ¿Cómo se conquista un terreno y por qué?

30. ¿Por qué algunos motivadores desacreditan los estudios formales?

31. ¿Por qué se dice que una organización es fuerte por su gente?

32. ¿En qué consiste la mentalidad de pagar?

33. ¿Cuáles son las 4 monedas de pago con las que contamos?

34. Relata el cuento de las personas que reciben un sobre de dinero diario.

35. ¿Cuál es la unidad de medida de masa, temperatura y productividad?

36. ¿Por qué se dice que el tiempo es un activo?

37. Define productividad.

38. ¿Cómo se mide la productividad?

39. ¿Qué significa la palabra TARDO y a quiénes se les dice así?

40. ¿Cómo se aprende a ser más inteligente?

41. ¿Por qué decimos que el estrés manejable es bueno?

42. ¿Qué piensan los banqueros suizos del desapego y la meditación?

43. ¿Por qué las personas tenemos genes competitivos?

44. ¿Cómo una persona se convierte en cuello de botella de su equipo?

45. ¿Qué distingue a las personas de alto rendimiento?

46. Define energía, energía potencial y energía cinética.

47. Da ejemplos de personas con alta energía potencial.

48. Menciona los cinco factores que determinan la energía potencial productiva.

49. ¿Por qué a veces es más importante la actitud que la aptitud?

50. Explica cómo son las personas de buena actitud.

51. ¿Que dice la organización Best Place to Work?

52. ¿Cuál es la energía de las posibilidades y cuál es la de la acción? ¿Por qué?

53. ¿Cuál es la diferencia entre inercia estática e inercia dinámica?

54. ¿Cómo se explica el poder de un tren en movimiento?

55. ¿Qué es el beat cerebral?

56. Explica los cinco niveles de ritmo productivo.

57. ¿Por qué el ritmo productivo obedece a la autoexigencia?

58. Completa la frase: "ante cualquier reto importante..."

59. Por qué crees que Japón tiene un alto índice de suicidios.

60. ¿Qué es el Flow? ¿Quién lo definió? ¿Por qué debemos alcanzarlo?

61. ¿Cuáles son las características del Flow?

62. Explica los cinco niveles de autoconfianza.

63. ¿Cuál es la diferencia entre apasionamiento y estar sobrado?

64. ¿Qué significa estar disminuido?

65. Explica los cinco niveles de Timing.

66. Dibuja el cuadrante Timing.

67. Explica diferentes puntos en un cuadrante Timing.

68. ¿Qué es el Timing perfecto y cómo se logra?

69. ¿Por qué el entrenador del equipo que va perdiendo pide tiempo fuera?

70. ¿Cómo podemos medir nuestro Timing?

NOVENA SESIÓN

OKR:
OBJETIVOS Y RESULTADOS CLAVE

Nota para el maestro/conferencista: Imparte a tus alumnos una conferencia sobre objetivos y resultados clave. Enriquece la información de este capítulo con datos sobre OKR. El objetivo es *ayudarlos a adoptar los OKR como su nueva forma de plantearse objetivos en su vida y trabajo*. Haz que se comprometan con las fechas trimestrales de medición de resultados y reinicio de objetivos. Guíalos cuando hagan los ejercicios del tema y resuelve sus dudas.

Cada 31 de diciembre Roberto reflexionaba respecto a lo que había hecho en el año, y el 1 de enero hacía sus propósitos de nuevos objetivos. Por lo regular, al principio de cada año Roberto se ponía a dieta, se planteaba otro sistema de ejercicios, evaluaba sus avances financieros y establecía números para mejorar; también analizaba cómo elevar su calidad familiar, espiritual y de salud mental.

Roberto enseñó a hacer lo mismo a su esposa e hijos. Emprendían juntos un viaje de fin de semana para meterse en albercas de aguas termales y compartir cada uno sus propósitos de Año Nuevo. Era un hermoso rito.

El problema era que ni él ni su familia perseveraban en sus nuevas intenciones por más de tres meses: para principios de marzo ya habían abandonado los esfuerzos importantes. Para mayo habían olvidado los planes. Para agosto, la vida de todos era tan caótica como lo había sido el año anterior. En septiembre todos sabían que debían reorganizarse y renovar sus propósitos, pero esperaban hasta que fuera Año Nuevo. No tenía caso iniciar algo en los últimos meses del año. Para eso existía enero.

La gente se plantea metas el 31 de diciembre. Pero existen personas más productivas que celebran el fin del primer semestre, el 30 de junio. En esa fecha evalúan sus avances semestrales y se plantean metas para el segundo semestre.

Nosotros, después de tomar este curso, perteneceremos a otro grupo aún más selecto de personas, que se mueven (nos movemos) en TIMING 4, por lo que celebramos **tres evaluaciones** de avances y reinicio de metas.

GRAN CIERRE Y REINICIO CUATRIMESTRAL

Nos plantearemos tres fechas importantes cada año. En ellas haremos nuestra evaluación de avances y reinicio de  metas. Podremos, si nos place, hacer fiesta, irnos a cenar con nuestro equipo, o incluso viajar un fin de semana y meternos en aguas termales con la familia para marcar el final de una etapa y el inicio de otra.

Les llamaremos GRAN CIERRE y REINICIO CUATRIMESTRAL. Deberemos redactar un informe detallado (para nosotros mismos o para nuestro equipo) de lo que conseguimos alcanzar en el cuatrimestre que termina, y de lo que queremos lograr en el que empieza. Entonces arrancaremos de nuevo con objetivos clave. Memoriza estas fechas. Serán tus tres fiestas de NUEVO CUATRIMESTRE.

GRAN CIERRE *cuatrimestral*	GRAN REINICIO *cuatrimestral*
31 de diciembre	1 de enero
30 de abril	1 de mayo
31 de agosto	1 de septiembre

A partir de ahora celebraremos tres NUEVOS CUATRIMES-TRES. No solo un Año Nuevo. Hagamos que estas fechas se conviertan en parte de nuestra nueva forma de pensar y vivir. Para que sean fáciles de recordar enfoquémonos en los días primeros: **1 de enero, 1 de mayo y 1 de septiembre.** En estas tres importantísimas fechas (de celebración, entrega de resultados y comienzo de actividades) haremos una revisión de nuestros OBJETIVOS Y RESULTADOS CLAVE DEL CUATRIMESTRE.

Al unísono: Los tres días más poderosos del año serán los que llamaremos los días del GRAN REINICIO CUATRIMESTRAL, que representarán un renacimiento en todos los aspectos de nuestra vida y trabajo: *1 de enero, 1 de mayo y 1 de septiembre.*

OKR «OBJECTIVES AND KEY RESULTS»

Usaremos el sistema cuyas siglas en inglés son OKR. Un modelo conocido de alta productividad. Lo inventó el CEO de Intel, Andrew Grove, y la empresa que lo consolidó es (ni más ni menos) Google. Los OBJETIVOS Y RESULTADOS CLAVE

(OKR) son, según palabras de John Doerr, consultor primigenio de Google, el ADN de esta misma empresa. Junto con Larrey y Sergey, cofundador de Google, establecieron este sistema de productividad desde 1999, cuando la compañía tenía cuarenta empleados, y lo siguen manteniendo hasta hoy, que tienen más de sesenta mil. El modelo OKR también lo usan muchas otras compañías importantes como Netflix, Facebook, Amazon, Dropbox, Microsoft, Panasonic, etcétera.

Cada cuatrimestre revisaremos nuestros OKR. Aprendamos a establecer **OBJETIVOS Y RESULTADOS CLAVE** en los aspectos más importantes de nuestra vida y trabajo.

METODOLOGÍA DE OKR

Para hacer un OKR seguiremos estos pasos:

1. Estableceremos un **OBJETIVO CLAVE** (genérico, emocional, subjetivo).

2. Para ese *objetivo clave* indicaremos dos o más **RESULTADOS MEDIBLES** (estos sí, específicos y evaluables).

3. Para cada *resultado medible* estableceremos **ACCIONES INMEDIATAS**.

EJEMPLO 1

Pensemos en un médico dueño de su propia clínica que da servicio a pacientes de medicina general y especializada. El médico emprendedor basa buena parte de sus ingresos en su liderazgo mediático (se ha vuelto *influencer* y conferencista), y en la labor de otros médicos que trabajan para él en su clínica. Se propone establecer un **OBJETIVO CLAVE** genérico y ambicioso para el cuatrimestre que empieza. Luego propone dos **RESULTADOS** que se podrían medir y **ACCIONES INMEDIATAS** por realizar.

OBJETIVO CLAVE: GANAR MÁS DINERO COMO DOCTOR

Resultado medible #1: Atender a 600 pacientes este cuatrimestre (10 diarios).

Acciones inmediatas:

a. Contratar dos médicos especialistas que trabajen en mi clínica.

b. Alcanzar 500 mil personas en marketing.

Resultado medible #2: Dar dieciséis conferencias cobradas (una a la semana) y alcanzar 300 mil seguidores en mis redes de conferencista.

Acciones inmediatas:

a. Hacer un video diario.

b. Rediseñar mi página web.

EJEMPLO 2

Pensemos ahora en un hombre que ha descuidado a su familia por causa del trabajo. La relación con su esposa se ha deteriorado y se siente lejos de sus hijos. Sabe que si no hace algo pronto puede llegar a perderlos. Entiende que debe trabajar de manera individual con cada miembro de la familia para recuperar su confianza.

Observemos la forma en que se plantea un **OBJETIVO CLAVE** general y amplio, para luego establecer **RESULTADOS MEDIBLES** con sus respectivas **ACCIONES INMEDIATAS**.

OBJETIVO CLAVE: FORTALECER MI RELACIÓN FAMILIAR

Resultado medible #1: Darle a mi esposa una sorpresa agradable al mes.

> **Acciones inmediatas:**
>
> a. Hacer un viaje corto a solas con ella este cuatrimestre.
>
> b. Invitarla a comer o cenar una vez a la semana.

Resultado medible #2: Tener cuatro horas de calidad a la semana con cada uno de mis hijos.

> **Acciones inmediatas:**
>
> a. Hablar a solas con ellos quince minutos diarios.
>
> b. Asistir a sus partidos y presentaciones escolares.

EJEMPLO 3

Imaginemos a una joven estudiante que está a punto de terminar su carrera profesional, pero necesita lograr excelentes notas finales para colocarse en la empresa que contrata a los mejores egresados. Ella quiere alcanzar un premio en su titulación. Faltan cuatro meses para que terminen las clases y debe hacer su mejor esfuerzo.

Resultado medible #1: Aprobar las siete materias de este periodo con 90% de promedio.

> **Acciones inmediatas:**
>
> a. Dedicar dos horas diarias de estudio para las tres materias en las que tengo más bajas calificaciones.
>
> b. Participar en todas mis clases diariamente al menos una vez.

Resultado medible #2: Hacer tesis de 15 mil palabras y 21 capítulos.

> **Acciones inmediatas:**
>
> a. Tomar el curso vespertino de escritura profesional.
>
> b. Escribir 500 palabras al día por dos meses.

EJEMPLO 4

Imaginemos a un hombre que sufrió un preinfarto. Por fortuna lo atendieron a tiempo y le pudieron salvar la vida. Sin embargo, cuando estuvo en el hospital se enteró de sus pésimos resultados en los exámenes médicos. Comprendió que ha-  bía descuidado su salud de manera irresponsable. Supo que, si no hacía algo por cambiar de hábitos, la próxima vez tal vez no tendría tanta suerte. Así que se planteó un **OBJETIVO CLAVE** para el cuatrimestre con **RESULTADOS MEDIBLES** específicos.

Resultado medible #1: Alcanzar estos números: índice de masa corporal, 24; colesterol total, 180; triglicéridos, 140; azúcar en sangre, 120.

> **Acciones inmediatas:**
>
> a. Comer sanamente diario y quitar azúcar, arroz, pan, tortilla y comida chatarra.
>
> b. Eliminar bebidas dulces y solo tomar agua, dos litros al día.
>
> c. Hacer 50 minutos diarios de ejercicio en el gimnasio.

Resultado medible #2: Dejar mis adicciones y atenderme médicamente.

> **Acciones inmediatas:**
>
> a. Disminuir la dosis de cigarros 10% semanal.
>
> b. Eliminar de tajo el alcohol.
>
> c. Operarme los cuatro tumores de grasa.

Úsalos en tu vida.

Los OKR **funcionan para cualquier propósito.** En las personas y organizaciones. Cuando se determinan por departamento ayudan a todo el equipo a enfocarse en la misma dirección, y hacen que las personas busquen resultados medibles y acciones inmediatas.

Ese año, Bernardo planeaba escalar el Aconcagua. La montaña más alta que no está en el Himalaya.

En enero, Bernardo tomó un curso sobre **OBJETIVOS Y RESULTADOS CLAVE**. Entendió que, para lograr una gran meta, necesitaba dividir el año en tres cuatrimestres.

Para el primer cuatrimestre se planteó el **OBJETIVO CLAVE** de ponerse en forma como alpinista y estableció resultados medibles relacionados con el entrenamiento en paredes.

Para el segundo cuatrimestre se planteó el **OBJETIVO CLAVE** de escalar algunas montañas locales, perfeccionar su técnica y conquistar el Chimborazo, uno de los grandes icónicos. De igual forma, usó sus respectivos resultados medibles y acciones inmediatas.

En el último cuatrimestre se enfocó 100% en escalar la subida de senderismo más difícil: el Aconcagua. Fue una aventura muy complicada. A pesar de que más del 50% de los escaladores que lo intenta no lo consiguen, Bernardo alcanzó la cima. Alcanzó uno de sus más grandes sueños. El siguiente año lo esperaba el Everest.

Peguemos los OKR del departamento en la pared. En una organización enfocada en resultados, cada equipo debe tener sus **OKR** a la vista. Esto ocasiona que las actividades de los integrantes de ese departamento sean transparentes para los otros, y crea un compromiso de empresa en la misma dirección.

EVIDENCIA DE APRENDIZAJE

Nota para el maestro/conferencista: Guía a tus alumnos para que hagan el ejercicio que se plantea a continuación. Dale mucha importancia a que lo hagan bien y a que lo apliquen en su vida. Como es algo muy personal, no los obligues a leer lo que escribieron, pero invita a unos voluntarios que quieran hacerlo para que de esa manera se comprometan con su grupo a lograr lo que escribieron. Déjales de tarea que pasen en limpio el trabajo y que vean el video de John Doerr, *Why the Secret to Success is Setting the Right Goals.*

Realiza **tus OKR personales** *del cuatrimestre en cuatro dimensiones:*

1. Ocupación. *Trabajo, negocio, arte, competencias...*

2. Estudios. *Aprendizaje, cursos, entrenamiento de habilidades...*

3. Gente. *Pareja, familia, amigos, compañeros...*

4. Cuerpo. *Condición física, estética, salud...*

Para cada dimensión anterior, escribe **OBJETIVOS CLAVE** *(generales, ambiciosos). Debajo de cada* **OBJETIVO CLAVE** *anota dos o más* **RESULTADOS MEDIBLES** *(concretos y evaluables), y para cada* **RESULTADO MEDIBLE** *escribe las* **ACCIONES INMEDIATAS** *que llevarás a cabo.*

DÉCIMA SESIÓN

OBJETIVOS DE DINERO

Vamos a aprender a realizar **OBJETIVOS CLAVE** en nuestros **DESIGNIOS PRODUCTIVOS**: dinero, prestigio, fortaleza y poder. Empecemos con el **DINERO**.

EL DINERO ES UNA NECESIDAD

No se puede vivir sin dinero. Estudiamos para ganar dinero. Trabajamos para ganar dinero. Invertimos la mayor parte de nuestro tiempo productivo buscando ganar más dinero. Necesitamos el dinero. Debemos aceptar y entender que tener dinero es bueno, y que no hay nada de malo en ser rico.

Ernesto creció en un barrio pobre. Aprendió desde niño a odiar a las personas adineradas. Le enseñaron que los ricos son solitarios, amargados, y perseguidos por sus malas acciones. También adoptó la creencia de que los empresarios son corruptos y avaros. Por eso se unió al partido socialista que atacaba la iniciativa privada; él y sus compañeros culpaban a las personas acomodadas de todo lo malo que pasaba en el país.

Enrique difundía los discursos de liderazgo que dividían a la sociedad en dos: los "muchos, buenos pobres" contra los "pocos, malvados ricos". Se unió a grupos agitadores y participó en protestas delincuenciales. Ayudó a su movimiento a llegar a la cima del poder. Entonces ocurrió lo inevitable: los inversionistas dejaron de arriesgar capital y cerraron sus empresas.

La crisis creada por el líder populista le vino como anillo al dedo porque pudo decirle al pueblo cada vez más empobrecido: "No se preocupen porque aquí está papá, que los comprende y les va a mandar unas despensas para que sigan votando por mí".

Enrique, al quedarse sin empleo, organizó un grupo de choque en su colonia para agredir a los ricos. Mandó hacer una pancarta con el eslogan de su movimiento. A la larga, Enrique y sus amigos lograron hacer realidad ese eslogan. Fue el único y más grande logro de sus vidas: "Somos pobres, pero unidos".

Para tener dinero hay que estar donde se produce, y ayudar a producirlo. En vez de pelear contra las organizaciones y personas que tienen recursos, debemos sumarnos a su sinergia financiera y crecer con ellas.

LAS CINCO FUENTES DE DINERO

Existen cinco formas de conseguirlo:

1. Ganar un sueldo como EMPLEADO.

2. Cobrar honorarios de un NEGOCIO PERSONAL.

3. Ganar utilidades de una EMPRESA PROPIA (negocio en el que hemos contratado empleados).

4. Lograr ganancias al COMERCIAR (comprar y vender artículos).

5. Generar INGRESOS PASIVOS (rentas, acciones o sistemas que trabajen para ti).

Veamos el hilo conductor. Si analizamos a fondo las cinco fuentes, encontraremos un común denominador que no podemos perder de vista: el dinero siempre viene de personas que nos pagan a cambio de lo que les damos... Y si seguimos la cadena de *quién paga a quién*, llegaremos hasta al primer pagador que se llama CLIENTE.

LOS CLIENTES

Si no hay clientes, no hay dinero. Trabajes donde trabajes, los clientes deben estar satisfechos y recomendar tus servicios.

LOS CLIENTES ESTÁN EN LAS CINCO FUENTES:

1. **Si ganas un sueldo, trabajas para dar servicio a los clientes.** Tu jefe te paga del dinero de ellos. De nada sirve que la empresa venda un producto maravilloso si los empleados, en vez de sumarle valor a ese producto, lo ensucian (con mala actitud, demoras, mal servicio, mal proceso). El cliente que regresa es casi siempre porque se sintió bien tratado.

2.   **Si ganas honorarios por un negocio personal** le cobras directamente a los clientes. Esta vez son mucho más cercanos, porque te compran a ti; te buscan a ti; quieren tu trato, tu sazón, tu toque.

3.   **Si ganas utilidades como empresario, toda la riqueza viene de los clientes.** Pero no olvides que tienes dos grupos de clientes: internos y externos. Los internos son tus empleados (ellos compran tus ideas y producen el producto). Los externos son los que pagan por ese producto. Vives para dar lo mejor de ti tanto a tus clientes internos como a los externos.

4.   **Si comercias comprando y vendiendo** te quedas con una ganancia. Y está bien. Tus clientes lo saben, pero solo te piden que no los engañes, que seas justo, que los trates bien y les des productos de calidad.

5.   **Si tienes ingresos pasivos,** detrás del dinero que ganas por motivos de renta fija, también hay clientes.

TODOS SOMOS VENDEDORES

Vende. No importa si eres empleado, autoempleado, empresario, comerciante o inversionista, tú y todos los que trabajan contigo al final SON VENDEDORES. Cada uno de los colaboradores de una organización (desde la señora que limpia los pisos, pasando por el policía, la recepcionista, el jefe de mantenimiento, el que empaca el producto, el transportista, los contadores, los administradores), **todos**, en resumen (todos son todos), son vendedores.

Si no tenemos dinero es porque no estamos vendiendo.
Cuando hay suficiente agua en el río navegamos mejor. Si hay dinero en la organización es porque el equipo hizo que las ventas subieran, y por consecuencia habrá mejores condiciones para todos. Por el contrario, cuando el río

está seco en una corporación es porque el equipo no está vendiendo y, por lógica, eso perjudica al equipo entero. Sin importar cuál sea tu papel en el equipo, debes ayudar a generar ventas.

¿Cómo generamos ventas?

Seguimos haciendo trueques. Una persona añade valor a algo y se lo ofrece a un cliente. Entendamos por ventas el intercambio que hacemos de nuestro servicio o producto, por dinero. Para que el cliente pague debemos tener un producto con tres características:

1. Especializado.
2. Innovador.
3. De beneficio para el cliente.

Nadie nos va a pagar si no recibe un beneficio. Mientras más valor le podamos dar a quien nos paga, más va a preferir nuestro producto (y hasta podríamos venderlo más caro).

LAS EXPERIENCIAS QUE LOS CLIENTES BUSCAN

Zapatos Guevara era una tienda de calzado reconocida. Tenía muchos clientes leales. Don Martín Guevara había construido su empresa con una filosofía de servicio excepcional: siempre tenía detalles para sus clientes, como bebidas refrescantes, café y galletas, y mientras se probaban los zapatos les proveía unas pantuflas. En invierno prendía una chimenea. Cuidaba que su tienda fuera acogedora; ponía música y aromatizante de pieles. También daba descuentos excepcionales para sus clientes leales.

Cuando don Martín Guevara murió, sus hijos se hicieron cargo de la tienda. Pero para ellos, todo lo que su padre hizo en el pasado les parecía cursi y anticuado. Cambiaron la imagen. Crearon un recinto más moderno y sobrio. Quitaron la chimenea, las galletas, el café y las pantuflas. También quitaron los descuentos especiales. A los tres años la zapatería había perdido la mitad de sus ventas. A los cinco años quebró.

En el libro de Bernard H. Schmitt, *Experiential Marketing*, el autor explica que los clientes siempre van a pagar más por tener una **EXPERIENCIA**. Las experiencias que el cliente busca son cinco:

1. **EXPERIENCIA SENSORIAL.** Haz que tu producto o servicio tenga **un mejor olor** (aroma de perfume, comida, dulce, café, etc.). También haz que sea más **agradable a la vista** (estudia la teoría de colores; moderniza tu logo, tu imagen, tus uniformes, tus empaques). Haz que tu producto tenga **mejor sensación al tacto** (observa los empaques de los productos de Apple, Bosé y otros de alta gama). Mejora también la **experiencia auditiva** de tus clientes (¡ponles música!).

2. **EXPERIENCIA DE EMOCIONES.** A la gente le gusta sentirse exitosa, bonita, importante, inteligente, amada, valiosa, rica, tranquila, segura, sana, joven, contenta... Por eso la Coca Cola hace anuncios que no tienen nada que ver con el refresco de cola, sino con el amor y la familia. Por eso los vendedores de teléfonos celulares destacan que el teléfono conecta, brinda dinero, estatus y felicidad. Haz que tu producto genere emociones positivas.

3. **EXPERIENCIA DE IDEAS.** A la gente le encanta pensar. Todos queremos aprender algo. Si tu producto viene

acompañado de buenas ideas, o ayuda a reflexionar de cierta forma, generará una experiencia positiva. Un producto que parece "inteligente para personas inteligentes", siempre se aprecia más. Brinda alguna enseñanza o provee cierto aprendizaje y venderás más.

4. **EXPERIENCIA DE MOVIMIENTO.** A los clientes les gusta "hacer algo" usando los productos o servicios que compra. La gente quiere ejercitarse, bailar, viajar, salir a escena... Si puedes hacer que las personas se muevan, que vayan a determinado lugar, o que tomen acción al usar tu producto, estarás generando este tipo de experiencia tan valorada.

5. **EXPERIENCIA DE CONVIVENCIA.** Haz que tu producto o servicio genere convivencia entre tus clientes, que promueva la interacción social, familiar, afectiva o de negocios. Haz que gracias a ti tus clientes se conozcan, se comuniquen, se reconcilien, disfruten estando juntos.

Para generar dinero, crea una o más de las cinco experiencias anteriores.

SERVICIO ÚNICO, EL OTRO SECRETO DEL DINERO

Hay una paradoja en las organizaciones más lucrativas: "Para ganar mucho dinero no debemos pensar en el dinero, sino en ser únicos y dar un gran servicio". Mientras más personas puedan detectar nuestra unicidad y la excelencia en nuestro servicio, más ingresos tendremos. Quita de tu mente el deseo de hacerte rico multiplicando billetes como mago. Eso casi nunca sucede. En vez de ello genera y vende un servicio único:

1. Define y declara tu unicidad a los cuatro vientos. Haz un logotipo y un eslogan que te identifiquen como único en el mercado.

2. Deja muy claro cuál es el valor agregado que le estás dando al mundo.

3. Crea identidad en tu equipo: uniforma colores, presentaciones, empaques y valores.

4. Haz que todo tu equipo se enamore de la filosofía que los hace especiales.

Si eres empleado, deja de pelear con tu jefe. Él es alguien que, aunque puede ser grosero o inepto, también es responsable del equipo y de las ventas generales. Distínguete por ser una persona que resuelve problemas y obedece directrices. Ya llegará tu momento de mandar a mayor escala. Adquiere poder de manera inteligente. Como persona también brinda un servicio único y excepcional.

En cuestiones de servicio y unicidad piensa en grande. No te limites; tus sueños merecen la oportunidad de crecer. Aún en los momentos más difíciles no te des por vencido. Reinvéntate. Tienes la creatividad para levantarte de las cenizas y convertirte en una nueva versión de ti.

Los clientes necesitan tu servicio único. Vuélvete un pregonero de principios y verdades que ayuden a otros. Incluye esos principios en los productos de tu negocio y disfruta el privilegio de ganar mucho dinero de la forma correcta.

EVIDENCIA DE APRENDIZAJE

Nota para el maestro/conferencista: Invita a tus alumnos a contestar las siguientes preguntas y bríndales un contexto. Haz que comenten en voz alta sus respuestas. Genera un compromiso de acción para que pongan en marcha sus **OKR** sobre dinero.

1. *Explica cuál de las cinco fuentes de dinero has elegido para vivir y por qué la prefieres.*

2. *Si quisieras darles una experiencia a tus clientes, ¿en cuál te especializarías? ¿Cómo se las darías? ¿Cómo podrías generarles las otras experiencias también?*

3. *Si la empresa donde trabajas fuera tuya, o si tienes (o tuvieras) un negocio propio, ¿qué harías para generar más dinero?*

4. *Escribe tus OKR para ganar dinero.*

Décima primera sesión

OBJETIVOS DE PRESTIGIO

Nota para el maestro/conferencista: Imparte una charla sobre el prestigio. El objetivo es *mostrar a los alumnos cómo se pierde y cómo se puede aumentar el prestigio.* Explícales la lucha de la mercadotecnia y la política basada justamente en elevar el prestigio propio y ensuciar el de la competencia. Puedes mostrarles algunos videos publicitarios de marcas importantes. Haz que entiendan la importancia de cuidar su buena reputación.

EL VALOR DEL PRESTIGIO

El prestigio de una marca se basa en algo muy concreto: qué opina de ella la mayoría. Si la mayoría de las personas piensa que tu marca (individual o corporativa) ofrece productos de mala calidad, te devaluarás, aunque hagas productos de buena calidad.

En mercadotecnia, la percepción generalizada importa. A veces tiene más peso que la realidad. Si la mayoría de tus compañeros piensa que eres una persona tramposa, mentirosa y perezosa, te será muy difícil convencerlos de que eso no es verdad.

A los individuos con mala reputación todos los tratan mal: les niegan la oportunidad de hablar, les pagan poco, los discriminan. En cambio, a las personas y empresas con buena reputación, todos las tratan bien: reciben más dinero, más espacio para expresarse, un mejor lugar. El buen prestigio abre las puertas. El mal prestigio las cierra. Cuando una marca personal o corporativa tiene buena reputación, se vuelve valiosa y cotizada.

Rosalba era compositora y cantante de pop. Su música tenía una riqueza armónica sobresaliente, pero nadie la conocía y ella no sabía cómo acceder a las disqueras que manejan a los nuevos cantantes. Grabó varias de sus composiciones con aparatos caseros y los envió a la distribuidora de música más importante. No le abrieron las puertas.

Entonces buscó que alguien la recomendara. Un amigo de su familia, Samuel, había estado en el medio artístico por años. Había sido productor musical en décadas pasadas, pero tenía mal prestigio. Todo el mundo sabía que Samuel se había quedado con dinero del sindicato de músicos y había huido. Cuando Samuel llamó por teléfono a la empresa distribuidora, ni siquiera le tomaron la llamada.

Meses después, Rosalba cantó en un festival escolar, y Aarón, un productor de gran prestigio, la escuchó. Se acercó a ella después del festival. Rosalba no sabía quién era Aarón; pensó que era un padre de familia como cualquier otro. Ella le habló de su trabajo y le mostró su música. Aarón se sentó a escuchar. Después de oír lo que Rosalba había compuesto, se dio cuenta de que estaba frente a una artista genial. Entonces tomó su celular, marcó un número y pidió hablar con el director general de la empresa distribuidora de música más importante. Como el nombre de Aarón tenía gran prestigio en el medio, el director de la distribuidora contestó de inmediato. Aarón le dijo que había descubierto a una talentosa cantautora. Y el director (otrora inaccesible y altivo) se bajó de su pedestal y aceptó recibir a Rosalba para escucharla.

Fue el inicio de la gran carrera de una de las artistas más famosas de nuestros días. Ella lo cuenta así:

—Todas las puertas se me habían cerrado, hasta que alguien con buena reputación habló bien de mí. ¡Es increíble cómo una persona puede ser aceptada o rechazada según quién lo recomiende!

A la gente no le interesa saber quién eres en realidad. La gente tiene cosas más importantes en qué pensar. No se detiene a investigar a qué te dedicas o qué sabes. Abrevia tiempo y trabajo preguntando a los demás qué opinan de ti. Mientras más fácil sea para la gente "clasificarte", más rápidamente lo hará. Lo que la mayoría piense de ti, otros lo adoptarán como cierto. Así se hace el prestigio de un nombre.

Las redes sociales son peligrosas. Pueden ocasionar que se difunda lo que has hecho bien o mal. Si llegara a difundirse una idea incorrecta sobre tu nombre deberás buscar con urgencia estrategias para desmentirla. Así como prolifera una idea negativa, también se puede difundir una positiva. El *buen prestigio* es un valor. Igual que el dinero, te lo pueden robar; igual que el dinero, lo puedes recuperar. Tu nombre importa. Y la reputación de tu nombre puede cambiar. Por eso debes estar atento en todo momento. Como dice Robert Greene[2]: "¡Defiende la reputación con tu vida! Es la piedra angular del poder; solo con buena reputación

---

2. Robert Greene. *Las 48 leyes del poder.* Espasa.

puedes intimidar y ganar; si la pierdes serás vulnerable y atacado por todos los frentes".

TRES PUNTOS BÁSICOS DEL BUEN PRESTIGIO

El prestigio es percepción; la que otros tienen de alguien. Entendamos cuáles son los tres puntos básicos que mejoran de inmediato la percepción general de las personas:

1. **SABER HACER ALGO Y HACERLO BIEN.** Mientras más claro sea para el mundo que eres capaz de hacer algo especial, y que lo haces bien (mejor que otros), **más rápidamente te ranquearán con cinco estrellas.**

2. **TENER UN BUEN HISTORIAL.** Mientras más evidente sea que tu pasado es exitoso (tienes diplomas, trofeos, premios, reconocimientos, títulos, logros, campeonatos ganados y *goles anotados*), mejor opinión general habrá de ti.

3. **BRINDAR BENEFICIOS.** Mientras más obvia sea la ayuda que ofreces a la gente y la manera en que favoreces a otros, **más** comentarios positivos habrá de tu nombre.

Observa la forma en que se superponen los conceptos como en un diagrama de Venn. Hay una importante área de intersección que une los objetivos de DINERO y PRESTIGIO: "dar un servicio único y excepcional" (requisito para ganar dinero) se combina con "saber hacer bien las cosas, tu buen historial y brindar beneficios a otros".

¿Por qué los teléfonos celulares de alta gama son tan caros? ¡Porque tienen un gran prestigio de marca! ¿Y de dónde viene ese prestigio? De los puntos básicos: las compañías líderes hacen productos de calidad, tienen un historial de éxito y otorgan al usuario grandes beneficios.

Analiza la publicidad de las marcas más reconocidas. Todas ellas se pelean por difundir esas tres ideas: aseguran que hacen las cosas bien, que han tenido mucho éxito y que brindan ventajas al usuario.

Como dato cultural, ¿sabes por qué la ropa de Santa Claus es roja? Porque Coca Cola, la marca más importante y mejor posicionada por casi cien años, hizo una campaña de Navidad en 1931 en la que personificó por primera vez a Santa Claus con la ropa que conocemos, pues el color de la marca Coca Cola es el rojo. Así de fuerte, prestigiosa e influyente puede ser una marca.

Por otro lado, ¿sabes que las marcas que destronaron a Coca Cola fueron iPhone, Amazon, Google, Microsoft, Visa y Facebook? Si buscas en YouTube los anuncios comerciales más sobresalientes de esas marcas, vas a encontrar un común denominador: todas ofrecen valor, ayuda, servicio, soluciones, beneficios a la vida personal de sus clientes.

LOS USUARIOS DE UNA MARCA

La bandera de la buena reputación tiene tres colores: lo bien hecho, el buen historial y la utilidad. Si logras ligar tu nombre a esos tres conceptos, automáticamente LOS USUA- RIOS DE TU MARCA te harán crecer.

¿Quiénes son LOS USUARIOS DE TU MARCA *personal*? Tu pareja, tus hermanos, tus padres, tus hijos, tus amigos... pero también tu jefe, tus maestros, tus compañeros, tus clientes. Todos *los que te tratan como persona.* ¿Cómo perciben los **USUARIOS DE TU MARCA** los tres puntos básicos del buen prestigio respecto a ti?

1. ¿Sabes hacer algo especial y lo haces bien?
2. ¿Tu historial es impecable?
3. ¿Brindas beneficio a *tus usuarios*?

Se correrá la voz. Las personas que te conocen comenzarán a murmurar lo que saben de ti respecto a esos tres puntos y se empezará a generar tu reputación. Los que no te conocen adoptarán como cierto lo que la mayoría diga.

PRESTIGIOS SUMADOS

Las reputaciones se suman. Tu prestigio personal beneficia o afecta a la organización para la que trabajas. De igual forma, el prestigio de la organización a la que perteneces te afecta a ti. (El uniforme que portas y la foto que te sacaste cargando un trofeo del equipo al que perteneces, se suman a tu reputación, para bien o para mal).

Linda y Sonia eran amigas. Juntas terminaron de estudiar la carrera de auditor contable. Ambas se colocaron en diferentes despachos. Ocho años después se volvieron a encontrar.

Linda le confesó a su amiga:

—Trabajé en la firma Donceles, que compraba y vendía facturas; también creaba empresas fantasma y comerciaba las pérdidas. El fisco nos descubrió. Escapé del escándalo y me quedé sin trabajo. He tratado de volver a colocarme, pero cuando se enteran de dónde vengo y a qué empresa pertenecí, todos me cierran las puertas.

Sonia le contestó:

—Sí. Todos oímos hablar del caso Donceles. Qué pena que te relacionen con él. Mi historia es distinta. Me coloqué como empleada en el despacho Lotus, famoso por su rectitud y honradez. Yo misma ayudé a elevar el prestigio de la firma. Acabo de recibir una oferta de trabajo de una empresa internacional. Estoy impresionada. Cuando se enteraron de que vengo de Lotus me ofrecieron el triple de sueldo y grandes prestaciones.

Las historias de Linda y Sonia son prototipo de millones. El prestigio de la escuela, empresa o club al que perteneces se sumará al tuyo. Jamás podrás borrar de tu currículo de dónde provienes. Será como un tatuaje indeleble. Por eso te conviene ayudar a que la escuela, empresa o club al que perteneces tenga buena reputación. De la misma forma, tu reputación personal se sumará a la de tu equipo. Y la corporación a la que perteneces valdrá, más o menos, gracias a ti. Eres responsable del prestigio de tu marca personal, pero también tienes responsabilidad e injerencia en el prestigio de tu marca corporativa.

Piensa en tu organización:

1. Cómo percibe la mayoría **lo bien o lo mal** que hacen ustedes las cosas.
2. Cómo percibe la gente **el historial** que tienen.
3. Cómo percibe el mundo **los beneficios** que le dan a otras personas.

Todos los miembros del equipo influyen. Juntos construyen la reputación de la marca. Por eso, el valor más grande de una organización no está en las instalaciones ni en la maquinaria ni en los sistemas, está en SU GENTE. Está en ti.

EVIDENCIA DE APRENDIZAJE

Nota para el maestro/conferencista: Dirige la encuesta siguiente con tus alumnos. Ayúdalos a hacer reflexiones constructivas con los resultados. No permitas que se desanimen y motívalos a mejorar su prestigio con un plan de acción real a través de sus **OKR.**

1. *Hagamos una encuesta grupal. Escribe en una hoja tu nombre, y debajo de él las siguientes cinco preguntas. Después pídeles a todos tus compañeros del grupo (o en su caso a todos tus conocidos, amigos y familiares) que califiquen esas preguntas del uno al diez. Saca un promedio del resultado de todas las calificaciones. Tendrás una idea general de TU PRESTIGIO y un mapa para mejorarlo.*

   a) *¿Crees que sé hacer algo especial y que lo hago bien?*

   b) *¿Crees que tengo un buen historial de éxito y mi pasado habla bien de mí?*

   c) *¿Crees que soy una persona que ayuda, sirve y beneficia a los demás?*

   d) *¿Crees que soy una persona en quien se puede confiar?*

   e) *¿Crees que cumplo siempre mis promesas de forma honorable?*

2. *Escribe tus respuestas a las siguientes preguntas:*

   a) *¿A qué instituciones u organizaciones perteneces?*

   b) *¿Cuál es el prestigio que tienen (qué opinan de ellos los de afuera)?*

   c) *¿Qué puedes hacer tú para mejorar el prestigio de tus organizaciones?*

3. *Determina tus **OKR** de prestigio para el próximo trimestre del año.*

Décima segunda sesión

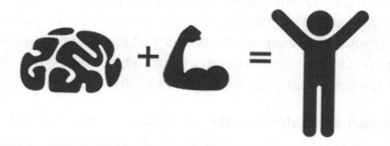

OBJETIVOS DE FORTALEZA

Nota para el maestro/conferencista: Imparte a tus alumnos una clase explicando por qué todo lo que hacemos depende de nuestra fortaleza física y mental. El objetivo es que *comprendan las 7 actividades de la fortaleza mental, y al mismo tiempo que se comprometan con un plan de transformación física mediante ejercicio y alimentación sana.* Puedes mostrar algún video sobre la obesidad y sus consecuencias. Haz que comiencen una nueva etapa.

Ricardo era una **PERSONA DE ALTO RENDIMIENTO**. Había conseguido vivir en **TIMING PERFECTO**. Su **AUTOCONFIANZA** solía ser de nivel cuatro y su **RITMO PRODUCTIVO** también. Pero un día perdió algo en su interior que lo llevó a **TIMING APAGADO**. Nadie se lo explicaba. Tampoco él. Dejó de moverse rápido. Dejó de llegar temprano a sus citas y dejó de cumplir. Ya no tenía ganas de competir ni de sobresalir. Un amigo lo confrontó. Le preguntó qué le pasaba. Ricardo se encogió de hombros. Con mucha dificultad confesó que meses atrás había descubierto que su esposa tenía conversaciones amorosas por chat con un desconocido. Luego él, en venganza, tuvo acercamientos inapropiados con una compañera. Aunque Ricardo y su esposa se reconciliaron y prometieron nunca más hacer cosas parecidas, algo se rompió dentro de Ricardo. No podía recuperar su fuerza interior.

Hay acciones voluntarias que nos rompen el TIMING. A pesar de eso, nos encanta realizarlas porque nos brindan una excitante descarga de adrenalina y altos niveles de dopamina; pero horas después del placer momentáneo nos dejan drenados y exangües de fortaleza interior.

Nuestra fortaleza es de dos tipos: física y mental.

FORTALEZA MENTAL

La mente es poderosa e implacable. Hay en ella una vocecita que nos habla, sobre todo cuando hacemos algo mal o algo malo (son cosas distintas, pero la vocecita nos castiga de igual manera en ambos casos), según nuestro código personal de valores. Si nos persiguen pensamientos obsesivos de culpa, ira, miedo o tristeza, baja nuestro nivel de autoconfianza y no podemos enfocarnos en meter goles.

La voz interior a veces nos dice en secreto:

"Eres un hipócrita, hiciste algo que no debías hacer, ¿no te da vergüenza? Desdichado, miserable, idiota. ¿Con qué cara te atreves a hablar y a trabajar? Si ellos supieran tu secreto no te lo perdonarían."

Con frases como esta, resonando en la cabeza, nuestro nivel de TIMING se viene abajo.

LAS 7 ACTIVIDADES DE FORTALEZA MENTAL

Hay siete prácticas que nos hacen mentalmente fuertes. Si analizamos cada una con detenimiento descubriremos un universo de opciones. Si queremos tener fortaleza mental debemos asegurarnos de que todos los días incluyamos en nuestras rutinas las siguientes actividades.

Somos mentalmente fuertes cuando:

1. Hacemos cosas que enaltecen y confirman **nuestros valores**.

2. Nos forzamos a elevar nuestro **nivel de** TIMING.

3. Realizamos **actividades creativas** en soledad.

4. Dedicamos **tiempo de calidad** a nuestros seres amados.

5. **Enseñamos o damos** algo de nosotros a otros.

6. Disfrutamos el **contacto con la naturaleza**.

7. **Practicamos la oración** y la comunión con nuestro Poder Superior.

FORTALEZA FÍSICA

Ahora hablemos de nuestro cuerpo. Dependemos de él. Sin importar cuáles sean nuestras particularidades físicas, *somos responsables* de estar físicamente fuertes y sanos.

Nunca es tarde para comenzar una nueva etapa. Decide pagar el precio e incluso aceptar el dolor o incomodidad que significa recuperar tu fortaleza física.

Para tener fortaleza física debemos cambiar de hábitos. Recuerda que los hábitos no desaparecen. Se sustituyen. No se eliminan. Se transforman. Para ello se requieren nuevas conductas durante un cuatrimestre. Hagamos este cuatrimestre un plan de ejercicios y alimentación sana.

Marca el inicio de esta nueva etapa. Tómate una fotografía en traje de baño. Esa foto inicial será tu punto de partida y tu compromiso a superar. En el **GRAN CIERRE CUATRIMESTRAL**

tómate otra fotografía y ve la diferencia. Deberás haber logrado una transformación.

PLAN DE EJERCICIO FÍSICO

¿Cómo lograr fortaleza física? Mediante el ejercicio y la alimentación. Las personas de alto rendimiento enfocadas en resultados no pueden cargar sobrepeso ni condiciones enfermizas por descuido o negligencia. En los cursos de alta productividad rara vez se habla de esto. Pero la fortaleza mental y física es la base del trabajo.

Ejercítate media hora diaria sin excusas.

No hace falta dedicarle dos horas al gimnasio. A menos que seas fisicoculturista, el ejercicio físico no debe ser tu misión de vida, debe ser una actividad *necesaria,* como bañarte o lavarte los dientes. La buena noticia es que puedes lograr una transformación con media hora diaria de ejercicio. De preferencia trata de que sea lo primero que hagas al levantarte. Pon el despertador media hora antes. ¿No puedes, porque te desvelas demasiado? Pues desvélate media hora menos. Si definitivamente no puedes ejercitarte en las mañanas, hazlo a cualquier hora, pero hazlo.

Levanta pesas tres días a la semana[3].

Las pesas son imprescindibles. Solo con ellas mejoras la forma de tu cuerpo. Si una mujer con forma de "pera" hace mucho

---

3. Pregúntale a tu médico si te recomienda hacerlo, y si no está contraindicado en tu caso.

ejercicio cardiovascular, se convertirá en una "pera más pequeña". Solo podrá cambiar sus proporciones físicas haciendo pesas. El ejercicio de pesas ayuda a quemar grasa, porque incrementa el índice metabólico y desarrolla músculos, que son los principales consumidores de calorías. La masa muscular hace el efecto de hornos quemadores en el cuerpo.

Al hacer pesas, enfócate en producir microlesiones: rompe de forma leve y controlada tus fibras musculares. Esto es lo que buscamos al hacer pesas, porque las fibras dañadas en el músculo comienzan a regenerarse con masa muscular más resistente. El principio es fácil de entender cuando pensamos en la forma en que se hacen las cicatrices o los callos. Si lastimamos un sitio de la piel, como respuesta natural el organismo reconstruirá la zona con piel más dura. Lo mágico de hacer pesas es que los músculos crecen y se fortalecen NO cuando se someten a un esfuerzo en el gimnasio, sino después, cuando están reconstruyéndose. Al hacer levantamientos rompemos esas fibras de forma controlada. Por eso hacer pesas es doloroso.

Divide tu cuerpo en dos: PARTE SUPERIOR (hombros, espalda, pecho, bíceps, tríceps) y PARTE INFERIOR (muslos, pantorrillas y abdomen). Ejercita "un grupo de músculos" diferente en cada sesión. Deja descansar esos músculos tres o cuatro días para que se reconstruyan. Asegúrate de mantener tus músculos en reconstrucción (levemente adoloridos) todos los días mientras dure el programa. No lesiones tus fibras al grado de que no puedas caminar o moverte al día siguiente, pero asegúrate de hacer las cosas bien, como para que siempre te duelan *un poco* los músculos que ejercitaste.

Haz levantamientos lentos. Las pesas son ejercicios que se hacen en dos etapas: extensión y contracción, en palabras llanas, la pesa se levanta y se baja. La microlesión que buscas la lograrás 40% al elevar una pesa y 60% al descenderla. Esto es interesante, porque casi siempre ponemos atención al levantamiento, pero después dejamos caer el peso. Concéntrate sobre todo en el descenso y en hacerlo con lentitud. No tienes que usar grandes pesos, pero sí movimientos exactos. No te consientas. Traspasa la línea de dolor. Sé valiente y alcanza un mejor nivel cada vez.

Usa el peso adecuado. El sistema es seguro para mujeres, hombres, jóvenes o adultos, porque la intensidad es personal. Cada individuo usará diferente peso al hacer el mismo ejercicio. Haz para cada parte del cuerpo cuatro ejercicios en tres series de 20 repeticiones.

Haz ejercicio cardiovascular los otros tres días de la semana. Descansa un día.

Usa el sistema de entrenamiento por intervalos. Este es el método moderno más eficiente para fortalecer los músculos cardiacos y adquirir condición física. El entrenamiento por intervalos aumenta la potencia y resistencia musculares, acondiciona al corazón, energiza el sistema vascular y el respiratorio; también fortalece al sistema nervioso, capacita al músculo cardiaco para que bombee más sangre y acostumbra a las células a un metabolismo más rápido. Por ello, con él se queman calorías con más velocidad que con cualquier otro método.

Necesitas dividir tu esfuerzo en cinco niveles: 20%, 40%, 60%, 80% y 100%. Realiza el ejercicio con reloj en mano y ve aumentando tu nivel de esfuerzo cada minuto. Completarás el intervalo en cinco minutos y esto lo repetirás cuatro veces. En total entrenarás 21 minutos. Escucha música mientras haces ejercicio, ve el noticiero, oye una conferencia, ve un video de tu artista favorito.

Cuida tu alimentación.

Vacía el cajón de comida chatarra. Jamás tendrás un cuerpo saludable si sigues echándote a la boca todo lo que ves. No hagas dietas de choque agresivas que eliminan un tipo de alimento. Esas dietas te descompensan, te hacen perder masa muscular, disminuyen tu metabolismo, hacen que almacenes más grasa y crean una enorme respuesta potencial de "rebote".

Si sufres sobrepeso reduce tu cavidad abdominal poco a poco. ¿Cómo? Dejando de hacer grandes comilonas. No vayas a bufés ni te sirvas otro plato de guisado. Come porciones más pequeñas de las que habitualmente comerías. Restringe tu consumo de azúcar refinada, harina (pan), arroz y postres. Lleva contigo barras de granola, frutas o verduras frescas; ingiere alimentos sanos entre las comidas.

Toma solo agua natural. Eso te ayudará a desechar toxinas y a bajar de peso. Bebe ocho vasos de agua al día (dos litros). Durante tus comidas solo bebe agua natural. Si al terminar de comer sientes apetito extra, bebe agua. Deja el refresco, las bebidas endulzadas o los postres.

Asesórate con un médico nutriólogo. No uses productos "maravillosos" ni pastillas apócrifas para bajar de peso.

Duerme ocho horas diarias.

El sueño es un proceso regenerativo. Las células del organismo se reparan cuando dormimos. No dormir, envejece; Cuando nos desvelamos necesitamos suplir la energía faltante con alimento. Quien duerme menos come más, porque tiene más hambre y, aunque coma, se siente cansado, por eso se le antoja el azúcar y los carbohidratos. Te será imposible estar en buena forma física y bajar de peso si no duermes bien.

Establece nuevos hábitos.

Verás cómo, poco a poco, tu cuerpo se acostumbra. A dormir bien, a ejercitarse, a tomar agua natural y a degustar los sabores sanos.

Cuidar tu cuerpo te hará una persona más feliz. Velo así y declárarlo. Cuando hables de tu programa de ejercicios y alimentación solo di cosas buenas. No digas frases de tristeza, dolor o autoconmiseración. ¡Cree que es bueno! ¡Di que es bueno, y descubre lo bueno que es!

¿Queremos resultados excepcionales? Entonces debemos hacer todo lo que sea necesario para lograr mayor fortaleza mental y física.

EVIDENCIA DE APRENDIZAJE

Nota para el maestro/conferencista: Pídeles a tus alumnos que contesten las preguntas y compartan las respuestas. Haz que trabajen por equipos para realizar un catálogo de imágenes adecuadas de ejercicios cardiovasculares y pesas. Publica el trabajo del equipo ganador.

1. *Haz una lista de las actividades que podrían* **reducir la fuerza mental** *de una persona. Subraya en esa lista las actividades en las que tú o las personas de tu grupo serían más propensos a caer.*

2. *Explica ampliamente las siete actividades que dan fortaleza mental. Da ejemplos. ¿Cuáles son tus preferidas y por qué?*

3. *Realiza un trabajo por equipos para* GENERAR UN CATÁLOGO *con:*

    a) *Ilustraciones de ejercicios de pesas que se puedan realizar sin aparatos, solo con mancuernas y sillas. Divide al cuerpo en dos partes, tal como se explica en la lección.*

b) Ejercicios cardiovasculares y una tabla en la que expliques cómo se realizan minuto a minuto los intervalos.

c) Una tabla de alimentación sana con ilustraciones.

4. Tómate la fotografía de inicio de tu plan de fortaleza física tal como se explica en el capítulo y pégala al inicio de un cuaderno en el que registrarás los ejercicios que llevarás a cabo durante todo el trimestre.

Décima tercera sesión

OBJETIVOS DE PODER

Nota para el maestro/conferencista: Imparte a tus alumnos una charla con este objetivo: *llévalos a la convicción de que ellos tienen poder; enfatiza y amplía los tres secretos de las personas poderosas.* Con base en esos tres secretos genera compromisos de acción y cambio.

La fortaleza es "fuerza interior" que percibes tú mismo. El poder es "fuerza exterior" que perciben los demás.[4]

Quita de tu mente la idea de que el poder es malo.

Una persona poderosa logra más, alcanza más, puede más. Se les llama "poderosos" a los grandes empresarios, CEO, jefes, mandatarios, influyentes, gobernantes, personajes encumbrados. Es cierto que muchos de esos individuos *abusan del poder* y humillan a la gente que está bajo su dominio y por eso decimos que el poder es malo. Sin embargo, el poder bien utilizado es de gran beneficio.

---

4. Carlos Cuauhtémoc Sánchez

El poder y el dinero son solo instrumentos. No hay bondad ni maldad en ellos. La gente puede hacer buen uso o mal uso de cualquier herramienta. Con un auto puedo transportarme o puedo robar, huir y atropellar a peatones. Con un cuchillo puedo preparar comida o asesinar. Con un martillo puedo arreglar un mecanismo o hacer destrozos. Las herramientas son amorales. La moral es de quienes las usan.

Hay ricos buenos y hay ricos malos. Hay poderosos buenos y malos. Pero si tuvieras que elegir entre tener dinero y poder, o no tenerlos, ¿qué preferirías? (Siempre es mejor tener herramientas; en algunos casos incluso pueden salvarte la vida).

Un individuo es poderoso cuando "puede" hacer que otros actúen a su favor. Si consigues que otros hagan lo que pides o lo que quieres, eres poderoso. Mientras más personas actúen en tu beneficio, más poderoso serás. En tal sentido, el poder está relacionado con DINERO ("el dinero mueve al mundo", "con dinero baila el perro", "con salud y con dinero hago lo que quiero"), pero también con PRESTIGIO ("crea fama y échate a dormir") y con FORTALEZA ("con empuje y decisión, ocurre toda la acción"). Observa la convergencia de los tres temas anteriores en este punto. Al lograr los objetivos que te planteaste en las lecciones pasadas, podrás subir en la escalera de poder. Vamos a afinar el plan.

DE QUÉ SE TRATA EL PODER

Tener poder es lograr que la gente actúe a nuestro favor.

Mauricio quería poner un negocio en su garaje. Pero el uso del suelo en esa zona era habitacional. Un vecino había logrado modificarlo para establecer una cafetería.

Mauricio fue al ayuntamiento e hizo las gestiones. Puso como ejemplo al vecino. "¿Por qué a él si le dieron la licencia y a mí no me la quieren dar?" Amenazó a los funcionarios. Les hizo ver que él era una persona importante. Palmoteó, hizo gala de fuerza, gritó, berreó… y no logró su objetivo. Frustrado, Mauricio fue con su vecino y le preguntó:

—¿Cómo lograste que te dieran la licencia? Seguramente diste mucho dinero, ¿verdad?

—No —contestó el vecino—, solo logré mover a la persona adecuada.

¿Cómo movemos a la persona adecuada? En primer lugar, necesitamos identificarla. Casi siempre se trata de alguien con autoridad. Puede ser un profesor, un directivo, un supervisor, un asesor. No siempre es el jefe mayor, sino alguien a quien él escuche.

Mi primer libro fue rechazado por todas las editoriales del país. Como yo era un escritor joven, las casas editoras ni siquiera se dignaron evaluar mi manuscrito. Una tarde esperé al director general de mi editorial favorita hasta que salió de su oficina. Con seguridad, nunca suplicante, pero sí respetuoso, le pedí que evaluara mi libro. Le expliqué de la forma en que había sido injustamente tratado por otras editoriales y apelé a su calidad humana para que al menos me diera la oportunidad de competir en iguales circunstancias. El director de la editorial, al verme decidido (atrevido, seguro de mí mismo, pero al mismo tiempo respetuoso), tomó el manuscrito y lo metió a su automóvil. Lo curioso fue que ese fin de semana él hizo un viaje con su esposa. Ella leyó el libro que estaba en el auto y quedó fascinada. Le dijo a su marido:

—Tienes que editar esto a como dé lugar.

El director me mandó llamar.

—No pude leer tu libro, pero lo leyó mi esposa. Ella me dijo que si no lo publico me pedirá el divorcio. Bienvenido a nuestra casa editorial.

Siempre hay alguien que puede mover los hilos correctos. Al final, todos vamos avanzando por la vida porque logramos que se abran los caminos. Pero debemos entender que los caminos están colonizados por personas que podrían obstruirnos el paso de manera pertinaz. Tener poder es tener la capacidad para que los caminos que queremos transitar se abran francos frente a nosotros. De todas formas, caminaremos cuesta arriba y tendremos que esforzarnos mucho, pero al menos se nos habrá dado la oportunidad de avanzar. ¿Quieres abrirte camino? Entonces desarrolla las 3 habilidades de las personas poderosas:

LAS 3 HABILIDADES DE LAS PERSONAS PODEROSAS:

1. Se muestran decididas y seguras de sí mismas.
2. Saben pedir las cosas con energía, pero con respeto.
3. Demuestran que son competentes.

1. MOSTRARNOS DECIDIDOS

Recuerda: *La fortaleza es "fuerza interior" que percibes tú mismo. El poder es "fuerza exterior" que perciben los demás.*

Haz que los demás perciban tu poder: aprende a mirar de frente, a hablar con volumen más alto del normal, a desarrollar tus argumentos verbales de forma extensa y sustanciosa. Muévete con seguridad, camina erguido, mantente atento a las personas que te rodean, porque muchas necesitan una palabra de aliento, una pequeña ayuda, una mano amiga, y tú debes actuar con decisión para dar esa ayuda. Eso te coloca como persona poderosa. Puedes actuar, puedes expresarte, puedes resolver, puedes hacer lo que anhelas, puedes abrirte paso, puedes ayudar. Por otro lado, la timidez, la introversión, la poquedad, la indecisión y la cobardía son características de una persona SIN PODER.

Un joven tímido era también romántico, inteligente y genial para escribir poemas. Asistió a un campamento estudiantil en el que conoció a una joven hermosa y talentosa. Se enamoró de  ella a primera vista. Siempre que podía la observaba y participaba en sus equipos de actividades. No se cansaba de admirarla. Una de las dinámicas del campamento fue "el amigo secreto". Se sortearon nombres y a cada joven se le asignó un amigo al que debía dejarle regalitos anónimos en una caja. Aunque a él le tocó otra persona para la dinámica, todos los días le dejaba poemas de amor y cartas románticas a la chica que le gustaba. Ella estaba muy interesada en conocer al poeta. Pero él era tímido y nunca se atrevió a hablarle. Cuando el campamento terminó, todos subieron a un autobús y fueron bajando en diferentes lugares. La chica hermosa que había recibido las cartas y poemas del desconocido, antes de bajar se paró junto a la puerta y dijo al aire, dirigiéndose a todos y a ninguno a la vez:

—Me encantaron tus cartas y poemas. Pude haber sido tu pareja. Eres la persona que yo siempre busqué. ¡Pero también eres un idiota!

Y se bajó del autobús.

El joven tímido e inseguro nunca en su vida volvió a ver a esa chica.

2. SABER PEDIR LAS COSAS

No seas altanero. El error más grande de las personas que no saben abrirse paso en la vida es confundir la determinación con la insolencia. Si eres de los que se exalta y exige las cosas reclamando, serás de los primeros a quienes todo el mundo le cerrará las puertas. Puedes tener la razón, puedes incluso tener todo el derecho de gritar y hacer un escándalo, pero si le faltas el respeto a una persona que tiene autoridad, o que al menos cree tenerla, tus derechos ya no importarán. Solo importará el hecho de que esa persona te querrá fuera de su vista.

La gente es muy celosa de su posición. A un maestro no le gusta que sus alumnos sean engreídos. Un director detesta que sus subalternos se amotinen. Un buen padre (de los que todavía hay algunos) no soporta que su hijo sea grosero con él. Un policía verdadero (no el pelele incompetente) no tolera que el ciudadano lo rete a golpes. Sin embargo, todos ellos aceptan sugerencias respetuosas y escuchan a las personas que saben acercarse de forma cortés.

Si quieres tener poder deja de gritar, deja de exigir, sublevarte, hostigar y fomentar la desobediencia. Empieza a actuar con estrategia. Si abres la conversación diciendo "en primer lugar quiero que sepas que yo te respeto, que aprecio lo que has logrado y en muchos aspectos te admiro", verás como la persona más hermética te da la oportunidad de expresarte. Lo que sigue es demostrar que te asiste la razón.

3. MOSTRAR NUESTRA COMPETENCIA

Entrena tus talentos, trabaja en privado, prepárate hasta que conviertas esos talentos en **HABILIDADES SOBRESALIENTES**, y una vez que las tengas, atrévete a mostrarlas. Sé valiente para enseñar de lo que eres capaz. No te quedes callado. Habla. Levanta la mano. Toca la puerta. Si tienes escritos o diseños interesantes no los dejes en el cajón. No permitas que tu timidez te nulifique.

Zoe tenía talento para declamar. Su voz era privilegiada. Recitaba con pasión y soltura; era una gran intérprete dramática. Lo supimos porque en la universidad, cuando teníamos horas libres, Zoe se iba a un salón a recitar sus poemas a solas mientras hacía sus tareas de dibujo técnico. A veces la espiábamos por la ventana. En una ocasión le pedimos que declamara frente a toda la escuela en la asamblea y no quiso. Zoe pudo convertirse en un referente de expresión artística en esa universidad... pero decidió renunciar a su poder y seguir en el anonimato.

Piensa en grande, piensa en demostrar al mundo entero de lo que eres capaz. Mientras más personas se impacten por tu capacidad, más poder lograrás y también más dinero. Porque el poder es la cúspide del dinero, del prestigio y de la fortaleza. Piensa. **¿Quién tiene más poder** (y dinero, y prestigio, y fortaleza)? ¿El artista que puede llenar un estadio o el hombre que canta con su guitarrita en las calles? ¿El futbolista campeón del mundo o el llanero? ¿El arquitecto de ciudades o el albañil del barrio? ¿El gerente general o el asistente de limpieza? El poder tiene que ver con "a cuánta gente atañe tu trabajo y qué tanto le atañe". ¿Cómo haces para que muchos miles o millones de personas que te necesitan (necesitan tus servicios) te volteen a ver y te conozcan? ¿Cómo haces para que la gente se dé cuenta de que tienes un producto excepcional y te compre? Necesitas un canal de información, un medio de difusión y un sistema para captar a los interesados. Necesitas enfocarte en vender. De nuevo, observa cómo se superponen los conceptos: cuando generas dinero, prestigio y fortaleza tienes poder.

El poder es bueno, nunca lo olvides.

Con poder *puedes* cambiar al mundo. El poder produce ese "efecto mariposa" que mueve las piezas en cadena y provoca una realidad diferente. Tienes el poder de generar cosas mejores. No naciste para ser mediocre ni para acostumbrarte a circunstancias regulares. Naciste para ser grande y para hacer cosas grandes. Puedes cambiar el futuro con pequeñas acciones diarias bien enfocadas.

Tener el poder es *poder* actuar, *poder* expresarse, *poder* resolver, *poder* hacer lo que anhelamos, *poder* abrirnos paso, *poder* progresar, *poder* ganar, *poder* ayudar a otros. Si tienes poder *puedes* lograr lo que te gustaría; si no tienes poder simplemente no puedes.

Un refrán dice "querer es poder". Significa que nuestra fuerza de voluntad está relacionada con el poder que tenemos. Debemos aplicar, pues, la voluntad para salir de nuestra zona de confort y *demostrar:*

1. **Que estamos decididos y seguros de nosotros mismos.**

2. **Que sabemos pedir las cosas con energía, pero con respeto.**

3. **Que somos capaces y competentes.**

Recuerda y retoma tus más altos sueños, esos que no te has atrevido a perseguir porque parecen demasiado difíciles.

Velos con los ojos de tu imaginación y declara con toda convicción: Tengo poder, así que PUEDO.

EVIDENCIA DE APRENDIZAJE

Nota para el maestro/conferencista: Invita a tus alumnos a que contesten las siguientes cuatro preguntas. Después, invítalos a que compartan sus respuestas con el resto del grupo. Genera conclusiones. Enriquece sus aportaciones. Resuelve sus dudas.

1. *Haz tus OKR de poder.*

   Haz un autoanálisis de cómo aplicas LAS TRES HABILIDADES DE LAS PERSONAS PODEROSAS. ¿Cuál de ellas has usado mal? Escribe una anécdota.

2. *Identifica uno de los retos más importantes que tienes por cumplir. Descríbelo. ¿Por qué es difícil para ti? Relata la for-*
3. *ma en que podrías abordar ese reto usando las tres habilidades de las personas poderosas.*

4. *Haz un ensayo en el que veas tu vida dentro de cinco años. ¿En quién te convertirás? Redáctalo en presente, como si ya fuese una realidad. En el último párrafo concluye que todo eso está a tu alcance porque tienes el poder. ¡Y puedes!*

DÉCIMA CUARTA SESIÓN

INTELIGENCIAS PRODUCTIVAS

Nota para el maestro/conferencista: Imparte una clase en la que subrayes la importancia de los diferentes tipos de inteligencias que existen. El objetivo es que los alumnos entiendan *cuáles son las inteligencias productivas y cómo incrementarlas.* Puedes apoyarte con videos o datos sobre hábitos y prácticas para aumentar la inteligencia.

¿UNA SOLA INTELIGENCIA O VARIAS?

Hoy sabemos mucho sobre la inteligencia humana. Gracias a revolucionarios descubrimientos entendemos que los seres humanos no solo tenemos un tipo de inteligencia (racional), con la que se mide el CI, sino que además poseemos inteligencias mensurables independientes (inteligencia emocional, kinestésica corporal, musical, espiritual, intrapersonal, visual espacial y otras). En el área de productividad existen las que llamaremos **INTELIGENCIAS PRODUCTIVAS.** Como sucede en el mundo de las inteligencias, es difícil que una persona tenga *todas.* Sin embargo, si queremos ser individuos de alto rendimiento, o que nuestra organización se consolide, debemos trabajar enfocados en desarrollar las tres **INTELIGENCIAS PRODUCTIVAS**.

Solo si tenemos las tres **INTELIGENCIAS PRODUCTIVAS** creceremos y permaneceremos como marca.

Imagina que debes subir un gran contenedor triangular lleno de combustible hasta lo alto de una montaña. Imagina que el contenedor es como una alberca y el líquido se podría caer si se ladea. Para subirlo vas a usar tres helicópteros. Cada uno jalará un cable; cada cable estará enganchado a uno de los vértices del triángulo. Los tres helicópteros deberán ascender a la misma velocidad para mantener el equilibrio. Si uno sube más rápido, o deja de jalar, el líquido se caerá.

Esa es la analogía de cómo debe subir una persona o una empresa que desea tener grandes resultados.
Invariablemente se necesitan las tres inteligencias productivas en equilibrio.

Estas son las inteligencias productivas:

    1- Técnica

    2- Administrativa

    3- Emprendedora

Cada inteligencia representa un vértice del triángulo. Las tres son igualmente importantes en una persona u organización. No basta con ser extraordinarios en una sola; si carecemos de las otras, jamás ascenderemos.

Michael E. Gerber se hizo famoso con su libro *El mito del emprendedor* cuando dio a conocer por qué razón la gran mayoría de los negocios quiebran y las personas fracasan. Expuso que existen tres tipos de personas. Nosotros les llamamos **INTELIGENCIAS PRODUCTIVAS**. Como es difícil que una persona sea sobresaliente en las tres inteligencias debemos aliarnos con gente que tenga más desarrollada la inteligencia de la que carecemos. Para triunfar en el trabajo necesitamos las tres.

INTELIGENCIA TÉCNICA

Esta es la inteligencia más común; todos la hemos desarrollado en mayor o menor medida porque en las escuelas nos entrenan, desde niños, para ser técnicos. (A la persona con inteligencia técnica le llamaremos simplemente *técnico.*)

El técnico hace trabajos mentales. De investigación, expositivos o manuales. Es el cirujano, compositor, catedrático, diseñador, cocinero, maquillista, contador, mecánico, electricista, tornero, artesano, programador... Incluso una abuelita jubilada que no gana dinero es técnica en algo: tejido, macramé, repostería, jardinería... En una empresa, el técnico es el que fabrica el producto o brinda el servicio de forma personal.

Al técnico le gusta concentrarse en una sola cosa, y se olvida del mundo. El lema del técnico es "si quiero que algo se haga bien, lo tengo que hacer yo".

El técnico ama tener "tramo". En el argot de la construcción se les asigna trabajo a los albañiles diciendo "tienes tramo", es decir, "hoy te corresponde levantar la barda desde aquí hasta allá". Lo mismo sucede en el caso de un escritor, un médico, un artista, un pintor o un docente. Les gusta que les den "tramo", que les pongan retos, les digan cuál es la fecha límite para entregar y los dejen trabajar en paz.

Los técnicos son individuos apasionados; disfrutan tanto el trabajo que no saben cuánto cobrar por él, porque cualquier cantidad sería poca para intercambiarla por algo en lo que han puesto su corazón. Cuando el técnico trabaja no quiere que lo distraigan y se olvida de lo demás; por eso a veces parece que a su alrededor todo está sucio y caótico; solo le interesa su metro cuadrado de atención.

Las personas con inteligencia técnica son indispensables. Una organización o empresa necesita a muchos genios técnicos, porque son quienes generan productos únicos.

¿Qué pasa cuando el técnico solitario pone un negocio?
La mayoría de los emprendimientos inician con un técnico. Se trata del típico empleado operativo que incluso llegó a conocer a clientes y proveedores, y que en algún momento se sintió desvalorado o maltratado por sus jefes. Entonces, en un arranque de coraje, dijo: "¡Basta! No voy a aguantar más estos desprecios, renunciaré y pondré mi propio negocio. Voy a convertirme en la competencia de esta empresa, porque yo soy quien la hace ganar dinero". Así es como el

contador pone un despacho contable, el abogado pone un bufete de litigantes, el arquitecto pone una constructora, el docente pone una escuela, el mecánico pone un negocio de mantenimiento. Todos los técnicos creen que están capacitados para abrir un negocio en el área que dominan. Tienen la idea de que cuando lo hagan serán libres.

Lilia era chef. Tenía las mejores recetas y amaba cocinar. Pero se cansó de trabajar para un jefe tirano en un restaurante donde la explotaban. Así que usó todos sus ahorros y además se endeudó para poner su propio restaurante. Ella sabía que todo era cuestión de constancia y calidad. Así que comenzó a trabajar lo doble que antes para sacar a flote su negocio. El problema era que ahora tenía que hacer otras actividades administrativas, contables, de organización y de instalaciones que la distraían y la estresaban. Entonces pidió ayuda a personas conocidas (amigos y familiares) que le cobraran poco. Pero esos empleados baratos la metieron en más problemas.

Lilia se fue hundiendo en una espiral de descontrol y angustia. Perdió el gusto por cocinar. Se sentía agotada y esclavizada. Se dio cuenta de que su restaurante solo "caminaba" (aunque cojeando) cuando ella estaba presente. Porque también le habían enseñado que "al ojo del amo engorda el caballo". Después de tres años, el cansancio físico y psicológico la obligaron a cerrar y a malbaratar todo. Solo buscaba escapar porque "ya no quería queso, sino salir de la ratonera".

Necesitamos INTELIGENCIA TÉCNICA para crecer, pero si nos faltan las otras dos inteligencias, la alberca triangular que estamos levantando se ladeará y colapsará.

INTELIGENCIA ADMINISTRATIVA

(Para efectos de sencillez, nos referiremos al individuo con gran inteligencia administrativa simplemente como "administrador").

El administrador es estratega de sistemas, números y orden. Sabe un poco DE TODO, y su fortaleza *no* está en ver los detalles del árbol, sino en salirse del bosque para mirar el panorama completo desde arriba. Es capaz de conjuntar todos los elementos de una organización, crear reglas, enseñar procedimientos y hacer que todos se rijan por ellos.

El administrador planifica paso por paso los procesos, coordina actividades propias y de los demás, mide el desempeño suyo y de otros, establece indicadores. Mete las cosas en cajas y las etiqueta; organiza los documentos en carpetas y las clasifica. Es pragmático, piensa "con los pies en la tierra"; hace listas de pendientes, reparte actividades para el equipo, le da seguimiento a cada persona; lleva un registro histórico de todo; lee documentos financieros, hace presentaciones, resúmenes y tablas de cálculo. Es bueno con los números. Es ahorrador. Mide sus gastos. Se preocupa por el dinero. Es organizado, disciplinado y no le gustan los cambios.

¿Qué pasa si el administrador pone un negocio?

¡Pues también fracasa! El administrador es tradicionalista y no se arriesga; se enfoca en costos, procesos y planeación eterna. Para el administrador siempre hace falta "algo" que le dé seguridad. Es cauteloso y poco innovador. El administrador necesita un técnico para funcionar. Pero también necesita un emprendedor.

INTELIGENCIA EMPRENDEDORA

La persona con inteligencia emprendedora es soñadora (le llamaremos emprendedor) es creativa, y arriesgada.

El diccionario castellano define al "emprendedor" como "alguien capaz de acometer o comenzar una obra, reto o negocio, especialmente si encierra dificultad o riesgo". En ese sentido, el emprendedor es el loco que se arroja a hacer lo que nadie cree posible. Sus fortalezas más grandes son la imaginación y el carácter.

El emprendedor genera ideas; ve oportunidades en los obstáculos; arremete con pasión, casi de forma impulsiva; tiene un espíritu innovador; busca maneras de hacer negocios originales. Ama ir en contra de lo establecido. El emprendedor es un soñador que necesita libertad y presupuesto ilimitado para desarrollar sus ideas. Es creativo, despreocupado del dinero y tiene una personalidad fuerte y cambiante. Se aburre fácilmente. Si algo no funciona rápido modifica su estrategia o la cancela. Si un colaborador comete errores prefiere despedirlo antes que capacitarlo. Arriesga su tiempo, su reputación, su futuro, su dinero (y el de otros). Es emocional, competitivo, negociador agresivo, generador de ideas.

Sin el emprendedor el negocio no existe, porque él lo crea, primero en la mente y después en la realidad.

¿Qué pasa cuando un emprendedor solitario pone un negocio?

¡Fracasa! Arriesga todo persiguiendo su sueño, pero al ejecutarlo es desorganizado y cambiante. Siempre está complementando su idea original con nuevas ideas y gastando dinero: quiere cambiar lámparas, alfombra, eslogan, letrero, uniforme. Se aburre fácilmente. Todo lo quiere mejorar y renovar; las rutinas lo desesperan y siempre quiere empezar cosas nuevas.

SE NECESITAN Y SE ODIAN A LA VEZ

Las tres inteligencias se complementan. Una institución personal o corporativa no puede existir sin la inteligencia técnica, la administrativa y la emprendedora. (Los tres cables deben jalarse al mismo tiempo para que el contenedor suba).

1- El emprendedor inventa nuevos retos (locuras, formatos de negocio).

2- El administrador los organiza y sistematiza.

3- El técnico trabaja hasta hacerlos realidad.

No funcionan el uno sin el otro, pero tampoco suelen llevarse bien, porque al técnico no le gusta organizar las cosas ni limpiar alrededor; odia que le digan lo que tiene que hacer y cómo hacerlo. Por otro lado, el emprendedor siempre está pidiendo cosas imposibles y se la pasa cambiando de opinión, lo cual hace que el técnico se enfurezca. El administrador evalúa desempeños y pone límites en los gastos, lo cual enoja al emprendedor (que tiene carácter explosivo) y comete arrebatos (¡esto se acabó, se van todos a la mierda!). Esto molesta mucho al administrador, que solo busca disciplina, orden y respeto a las reglas.

Las organizaciones más poderosas consiguen equilibrio y convivencia entre personas con los tres tipos de inteligencia. Igualmente, aunque todas las personas tenemos una **INTELIGENCIA PRODUCTIVA** prominente, debemos desarrollar las otras.

EVIDENCIA DE APRENDIZAJE

Nota para el maestro/conferencista: Pídeles a tus alumnos que investiguen las respuestas para las siguientes preguntas. Después pídeles que hagan una redacción original con sus conclusiones (está prohibido copiar y pegar párrafos de Internet). Al final haz que compartan sus ensayos.

1. *Analiza a cinco grandes personalidades que hayan dejado huella en el mundo. De preferencia individuos cuya historia y características de personalidad sean conocidas. Con base en esa información, evalúa cuáles son las* **INTELIGENCIAS PRODUCTIVAS** *de esas personas, en qué orden de importancia las tienen y por qué esa combinación las llevó hasta donde llegaron.*

2. *Haz una investigación de las inteligencias múltiples de Gardner y los hábitos o acciones que pueden ayudar a elevar las diferentes inteligencias de una persona.*

3. *Haz una investigación respecto al libro de Michael E. Gerber, El mito del emprendedor. ¿De qué trata? ¿Cuáles son sus premisas?*

COMBINACIÓN DE INTELIGENCIAS

Nota para el maestro/conferencista: Este es un capítulo técnico, de ejercicios. El objetivo es *que tus alumnos realicen su valoración personal y la de familiares o amigos.* Haz hincapié en la importancia de las diferentes combinaciones de personas que se asocian y exhórtalos a elegir bien a sus parejas y socios.

EVALUACIÓN DE INTELIGENCIAS PRODUCTIVAS

Para medir el cociente intelectual hay diferentes pruebas. Las inteligencias múltiples, incluyendo las productivas, también se miden.

Tres tipos de descripciones.

¿Con cuál de ellas te identificas más? No creas, como los arrogantes, que eres bueno en todo. Califícate de forma estricta. Si en alguna de las siguientes descripciones detectas que hay atributos que no tienes o no estás seguro de tener, baja tu calificación. En este ejercicio la honestidad es crucial. De la siguiente descripción evalúate del 0 al 100 en cada rubro:

VALORACIÓN DE LA INTELIGENCIA TÉCNICA

El trabajo manual o técnico que sé hacer es[5] _____, ¡y me encanta! Me gusta concentrarme en eso y soy extremadamente bueno haciéndolo. Estoy orgulloso de lo que puedo lograr en mi trabajo y no me gusta que otros lo critiquen ni me controlen cuando lo hago. No me importa que todo esté desordenado a mi alrededor, pues tengo orden y control en mi espacio de acción. Disfruto tanto cuando trabajo que el tiempo se me va volando. Soy perfeccionista y me esmero en hacerlo cada vez mejor. Me encanta hablar de mi labor técnica. Ahí pongo mi esencia; hay parte de mí en mi obra; soy paciente y me esmero en los detalles de mi trabajo, aunque sea repetitivo. Yo podría dar cursos y enseñar a otros cómo se hace este trabajo técnico que domino.

En una escala de 0 a 100, ¿cuánto te describe el párrafo anterior? _____.

---

5. Por ejemplo: contabilidad, litigar, cirugía, dar clases o conferencias, modelos matemáticos, escribir guiones.

VALORACIÓN DE LA INTELIGENCIA ADMINISTRATIVA

Soy organizador nato. Sé delegar. Sé calificar y supervisar la labor de las demás personas. Doy seguimiento a los resultados de otros. Soy una persona analítica, crítica y práctica. Sé hacer minutas de las juntas, enviar a todos el resumen y las tareas que nos corresponden. No soporto el desorden. Organizo de forma metódica los documentos por categorías. Pongo cada cosa en su lugar; archivo todo. Me gustan los esquemas y las reglas. Hago cuentas, presupuestos, llevo controles de gastos, facturas y entiendo los documentos de contabilidad. Analizo contratos, escribo reglamentos, me gusta aprender de abogados, contadores, asesores fiscales. Pienso en términos numéricos y medibles. Soy una persona extremadamente cuidadosa con los gastos. Vivo con los pies en la tierra, soy desconfiado, veo la realidad.

En una escala de 0 a 100, ¿cuánto te describe el párrafo anterior? _____.

VALORACIÓN DE LA INTELIGENCIA EMPRENDEDORA

Soy una persona soñadora y arriesgada. Me encanta emprender y meterme en problemas haciendo lo que otros no se atreven. Todo lo que hago, lo hago en grande. Me aburro fácilmente cuando algo se vuelve monótono. Siempre estoy buscando la forma de innovar o mejorar lo que hay. Suelo detectar oportunidades y peligros. Me enamoro de mis proyectos; invierto lo mejor sin importar el costo. Creo ideas que se vuelven filosofía. Invento marcas, logotipos, eslóganes, productos originales; hago lo que sea por llevar a cabo mis ideas. Soy negociador agresivo. Vivo con un alto nivel de energía y de emociones. Me entusiasma mucho lo que hago, pero cuando me agreden también me decepciono mucho. Siempre veo para adelante. Si algo no funciona, lo cierro y empiezo de nuevo.

En una escala de 0 a 100, ¿cuánto te describe el párrafo anterior? _____.

RESULTADOS DE LA PRUEBA

Si hiciste el ejercicio con honestidad, debiste haber obtenido calificación sobresaliente en una de las inteligencias; calificación mediana en otra y calificación baja en la tercera.

Escribe tus calificaciones.

Inteligencia técnica: _____.

Inteligencia administrativa: _____.

Inteligencia emprendedora: _____.

Ahora califica a tus socios. Elige a las personas con las que mantienes una mayor relación de alianza. Si tienes pareja, califícala en primer lugar. Evalúa también a tu jefe o maestro y a tus compañeros o amigos con los que sueles aliarte para hacer trabajos.

COMBINACIONES PRODUCTIVAS

Todos tenemos una INTELIGENCIA PRODUCTIVA PRINCIPAL. (IPP). Es nuestra inteligencia más desarrollada; la segunda, que también tenemos, aunque en menor grado, se llama **INTELIGENCIA PRODUCTIVA SECUNDARIA (IPS).**

Nuestra inteligencia principal, **IPP**, es aquella que predomina en nosotros; en lo que más destacamos. La inteligencia secundaria, **IPS**, nos permitiría también destacar en esa área si quisiéramos (aunque normalmente no queremos tanto).

La INTELIGENCIA GENERAL combina la IPP y la IPS. Para saber el panorama intelectual productivo completo de alguien debemos mencionar sus dos inteligencias: primero la principal, que escribimos con mayúsculas, y a continuación la secundaria, que escribimos en minúsculas después de una diagonal. Así, decimos que hay **SEIS PERSONALIDADES PRODUCTIVAS**.

Un ser humano puede ser:

1. TÉCNICO/administrador.
2. TÉCNICO/emprendedor.
3. ADMINISTRADOR/técnico.
4. ADMINISTRADOR/emprendedor.
5. EMPRENDEDOR/administrador.
6. EMPRENDEDOR/técnico.

HACIENDO PAREJAS

Es común que dos personas se asocien. Incluso es frecuente que dos personas piensen en hacer un negocio multifacético juntos de por vida, *y se casen.*

¿Cómo saber si la asociación de dos personas será exitosa? En términos de las **INTELIGENCIAS PRODUCTIVAS** existen parámetros que pueden pronosticarlo.

Hay un primer requisito para la compatibilidad de caracteres. Se llama **INTERESES IGUALES** o al menos reconciliables. Si dos individuos que tienen intereses diferentes e incompatibles se casan o se asocian, ninguna de las siguientes fórmulas funcionará. Si, por ejemplo, uno de ellos es un gran técnico en maquillaje teatral y el otro es un gran técnico en conducción de submarinos militares, por más que traten de unir sus inteligencias productivas, siempre apuntarán a distintas metas. Dejando por sentado que "tener intereses similares" es indispensable para que dos personas se asocien, ahora sí estudiemos las leyes de parejas productivas:

Matrimonios *perfectos*:

Esta es la pareja "extraordinaria": aquella en la que ambos (además de tener los mismos intereses) tienen IPP DISTINTAS (dos INTELIGENCIAS PRINCIPALES distintas se complementan), e IPS iguales (dos INTELIGENCIAS SECUNDARIAS iguales, al sumarse, se vuelven una principal):

1,5: TÉCNICO/administrador + EMPRENDEDOR/administrador

3,6: ADMINISTRADOR/técnico + EMPRENDEDOR/técnico

2,4: TÉCNICO/emprendedor + ADMINISTRADOR/emprendedor

Matrimonios regulares buenos:

Son regulares buenos (no alcanzan la perfección), si tienen IPP DISTINTAS (dos INTELIGENCIAS PRINCIPALES distintas se complementan) e IPS diferentes (dos INTELIGENCIAS SECUNDARIAS diferentes refuerzan una, pero dejan la otra debilitada):

1,4: TÉCNICO/administrador + ADMINISTRADOR/emprendedor

2,3: TÉCNICO/emprendedor + ADMINISTRADOR/técnico

1,6: TÉCNICO/administrador + EMPRENDEDOR/técnico

2,5: TÉCNICO/emprendedor + EMPRENDEDOR/administrador

3,5: ADMINISTRADOR/técnico + EMPRENDEDOR/administrador

4,6: ADMINISTRADOR/emprendedor + EMPRENDEDOR/técnico

Matrimonios malos:

Son regulares malos porque tienen dos inteligencias débiles: Poseen IPP IGUALES (dos INTELIGENCIAS PRINCIPALES iguales se hacen doblemente fuertes), pero IPS DIFERENTES (las dos **INTELIGENCIAS SECUNDARIAS** de la pareja son débiles).

1,2: TÉCNICO/administrador + TÉCNICO/emprendedor

3,4: ADMINISTRADOR/técnico + ADMINISTRADOR/emprendedor

5,6: EMPRENDEDOR/administrador + EMPRENDEDOR/técnico

Matrimonios pésimos:

Son pésimos porque carecen de una inteligencia. En el mapa de ambos no aparece una de las inteligencias productivas:

1,3: TÉCNICO/administrador + ADMINISTRADOR/técnico

2,6: TÉCNICO/emprendedor + EMPRENDEDOR/técnico

4,5: ADMINISTRADOR/emprendedor + EMPRENDEDOR/administrador

1,1: TÉCNICO/administrador +TÉCNICO/administrador

2,2: TÉCNICO/emprendedor + TÉCNICO/emprendedor

3,3: ADMINISTRADOR/técnico + ADMINISTRADOR/técnico

4,4: ADMINISTRADOR/emprendedor + ADMINISTRADOR/emprendedor

5,5: EMPRENDEDOR/administrador + EMPRENDEDOR/administrador

6,6: EMPRENDEDOR/técnico +EMPRENDEDOR/técnico

Si tienes pareja o un socio muy cercano, determina en cuál de los supuestos anteriores se encuentran ustedes.

EVIDENCIA DE APRENDIZAJE

Nota para el maestro/conferencista: Realiza los ejercicios siguientes con tus alumnos. Puedes compartir con ellos tus propias conclusiones personales. Pídeles que compartan las suyas y expresen qué pueden hacer para mejorar la calidad de sus asociaciones y parejas.

1. *Realiza las valoraciones del capítulo:*

   a) Tu propia valoración.

   b) La valoración de tus socios.

   c) La valoración del tipo de pareja que forman tú y tu socio o socia principal.

2. *Elige tres combinaciones de parejas. De preferencia las que tengan que ver con tu propia experiencia. Describe cómo sería el trabajo y la vida productiva de esa pareja y por qué.*

Ejemplo de cómo se hace el ejercicio:

PAREJA 1,6 *(TÉCNICO/administrador + EMPRENDEDOR/técnico). Esta pareja es "regular buena", porque uno de ellos es preponderantemente técnico y el otro emprendedor. Eso los complementa en gran forma. En cuanto a sus inteligencias secundarias, uno también es técnico, lo que (si tienen los mismos intereses) va a sumar a la calidad del producto o servicio que hagan juntos. Pero el otro tiene solo como inteligencia secundaria la administrativa, lo que va a ocasionar que ese sea el talón de Aquiles de la pareja. Seguramente tendrán problemas porque el administrador débil que hay en ellos nunca logrará organizar las cosas y acabará desapareciendo. Esa pareja tendrá que buscar un tercer* **socio administrativo** *con experiencia que les ayude a fortalecer su área débil.*

Décima sexta sesión

EXAMEN DEL BLOQUE 2

Nota para el maestro/conferencista: Terminamos siete sesiones más. Es momento de medir el aprendizaje de tus alumnos. Aplícales un examen basado en la siguiente guía de estudios.

GUÍA DE ESTUDIOS DEL BLOQUE 2

1. *¿Cuáles son las tres fechas de gran cierre y reinicio cuatrimestral?*

2. *¿Qué debemos hacer en esas fechas?*

3. *¿Cuál es el significado y la historia de los OKR?*

4. *¿Cuál es la metodología OKR?*

5. *Escribe el OKR completo con al menos dos resultados medibles de una persona que quiere convertirse en líder.*

6. *¿Por qué es importante para una empresa que todos los equipos de trabajo publiquen sus OKR?*

7. *Ejemplifica tus OKR personales en el área de estudios.*

8. *¿Por qué algunas personas piensan que el dinero es malo?*

9. *Escribe y explica las cinco fuentes de dinero.*

10. Explica cómo aparecen los clientes en las cinco fuentes de dinero.

11. ¿Por qué decimos que todos somos vendedores?

12. Explica las tres características que debe tener un producto para venderse.

13. Explica las experiencias que los clientes buscan al comprar un producto o servicio.

14. ¿Cuál es la paradoja de las empresas más lucrativas?

15. ¿En qué beneficia tener un servicio único y excepcional para ganar dinero?

16. ¿Por qué debes dejar de luchar contra tu jefe?

17. Si la empresa fuera tuya, ¿qué harías para generar más dinero?

18. Define prestigio y explica por qué en mercadotecnia importa tanto la opinión generalizada.

19. ¿Qué debes hacer si se difunde una noticia viral que daña tu reputación?

20. Explica los tres puntos básicos que mejoran el prestigio.

21. ¿Cómo se superponen los conceptos para ganar dinero y prestigio?

22. ¿De qué manera perciben los usuarios de tu marca personal los puntos básicos de tu prestigio?

23. ¿Cómo se suma el prestigio de una organización con el del individuo?

24. ¿Por qué para cuestiones de prestigio se dice que el valor más grande de una organización es su gente?

25. ¿Por qué nos gusta hacer cosas que nos rompen el TIMING?

26. ¿Cómo funciona nuestra vocecita mental para darnos o quitarnos fuerza?

27. Explica las siete prácticas que nos hacen mentalmente fuertes.

28. ¿Por qué los hábitos son difíciles de cambiar?

29. ¿Cómo se marca el inicio de una nueva etapa de ejercicios físicos y alimentación sana?

30. Escribe cinco reglas para hacer pesas.

31. Escribe cinco reglas para hacer ejercicio cardiovascular por intervalos.

32. Escribe cinco reglas de alimentación sana.

33. Explica por qué es tan importante dormir bien.

34. ¿Por qué muchos piensan que el poder es malo?

35. ¿Por qué decimos que el poder y el dinero son amorales?

36. ¿Cómo defines a un individuo poderoso?

37. ¿Cómo movemos a la persona adecuada para lograr poder?

38. Explica las tres habilidades de las personas poderosas.

39. ¿Por qué decimos que alcanzar a muchos clientes a la vez te da poder?

40. ¿Si accionamos nuestra voluntad podemos tener más poder?

41. ¿Cuántos tipos de inteligencia existen según Gardner?

42. ¿Por qué decimos que las inteligencias productivas son como una alberca triangular que debe elevarse por tres helicópteros?

43. Explica la inteligencia técnica.

44. Explica la inteligencia administrativa.

45. Explica la inteligencia emprendedora.

46. Explica por qué las tres inteligencias productivas se necesitan una a la otra, pero también se pelean.

47. ¿Qué sucede cuando un técnico pone un negocio?, ¿funciona? ¿por qué?

48. ¿Qué sucede cuando un administrador pone un negocio?, ¿funciona?, ¿por qué?

49. ¿Qué sucede cuando un emprendedor pone un negocio?, ¿funciona?, ¿por qué?

50. ¿Por qué decimos que a un técnico le gusta "tener tramo"?

51. ¿De qué se compone la inteligencia general productiva y cómo se escribe?

52. ¿Qué son la inteligencia productiva primaria y secundaria?

53. Escribe las seis personalidades productivas que existen.

54. Explica el primer requisito para la compatibilidad de caracteres.

55. ¿Qué características tienen los matrimonios perfectos?

56. ¿Qué características tienen los matrimonios regulares buenos?

57. ¿Qué características tienen los matrimonios regulares malos?

58. ¿Qué características tienen los matrimonios pésimos?

59. Explica tres de las combinaciones productivas.

60. ¿Cuál es tu inteligencia productiva y la de tu pareja ideal?

OFF • • • • ● ON

Segunda parte

PROCESOS

Cuando algo va mal en una marca, el problema solo puede tener dos orígenes: personas o procesos.

Estudiemos los procesos.

DÉCIMA SÉPTIMA SESIÓN

ORIGEN DE PROCESOS: DOCUMENTAR

Nota para el maestro/conferencista: Imparte una conferencia a tus alumnos para *concientizarlos de la importancia de documentar todo lo que saben y todo lo que hacen, y enséñalos a escribir diariamente sus ideas*. Ponles ejemplos de algunos documentos que hayan creado personas importantes de la humanidad. Haz que comprendan que, si no adquieren *el hábito de documentar y organizar todo lo que crean*, jamás serán recordados, y su vida y obra se olvidará.

Todo comienza en un procesador de palabras. O en una libreta de apuntes. Las ideas que nos hacen grandes se escriben. Incluso cualquier creación (medicamentos, vacunas, programas, autos, casas, edificios, muebles), cualquier película (video, espectáculo, obra de teatro), cualquier negocio o sistema que funcione, PRIMERO se tiene que ESCRIBIR. Hoy aprenderemos cómo se documentan las ideas, y por qué es tan importante hacerlo para generar procesos.

Imagínate que Beethoven hubiese creado sus obras musicales más maravillosas (como la Quinta o la Novena Sinfonía, sus conciertos o sonatas) con la única intención de presentarlas en una función local; imagínate que después de la función se hubiera dado por bien servido y hubiera tirado las partituras a la basura.

Beethoven es Beethoven no gracias a lo que hizo cuando vivía, sino gracias a lo que dejó documentado para la posteridad. Lo mismo Mozart, lo mismo Juan Sebastián Bach, Shakespeare, Cervantes, Goya o cualquier otro genio de la historia. Todas las grandes figuras artísticas empresariales o filosóficas dejaron plasmadas sus ideas en documentos. El mismo Jesucristo reclutó a un grupo de escribanos para que dejaran testimonio en papel de todo lo que hizo y dijo.

Hay genios que se pierden en el olvido. Empresarios, directivos, profesores, conferencistas, artistas que hacen obras maravillosas, que no documentan, o extravían. ¡No escriben, no hacen tablas, no hacen diagramas!, y si los hacen en el momento, luego no saben dónde los dejan. Se preparan solo para la gran función del día y después pierden el material que usaron. Al mes siguiente todos olvidan lo que hicieron, y ellos también.

Las ideas que no se documentan no existen, aunque hayan existido; se mueren, aunque hayan vivido. Independientemente de si tu IPP es técnica, administrativa o emprendedora, y sin importar cuál sea tu trabajo, para lograr grandes resultados necesitas documentar tus pensamientos.

Tu mente genera miles de ideas cada día; muchas no sirven para nada, pero otras son geniales. Generar ideas es lo que mejor hace el cerebro humano; sin embargo, hay un problema: las ideas de un día quedan sepultadas por la cascada de ideas nuevas que sobrevienen al día siguiente (y al siguiente).

A partir de hoy, este es tu primer proceso de productividad: documentar lo que piensas y lo que haces. ¿Cuánto? Todo. ¿Cuándo? Diario. Ni tu marca personal ni tu marca corporativa van a crecer jamás si no aprendes a documentar.

DOCUMENTAR EL TRABAJO PROFESIONAL

Esto es parte del quehacer obligatorio de cualquier profesionista.

- o El contador (técnico) se la pasa documentando asientos contables, presupuestos, estados financieros, declaraciones de impuestos.

- o El directivo (administrador) documenta controles, reglamentos, comunicados, manuales de operación.

- o El asesor (emprendedor) documenta proyectos, planes, ensayos.

Marco Polo quería ser conferencista. Era bueno para hablar en público y tenía carisma en el escenario. También se preparaba bien. Comenzó a dar charlas, pero era desorganizado y perdía todos sus apuntes.

Algunas de sus charlas fueron geniales, pero jamás las pudo repetir. Y es que, aunque tenía el recuerdo vago de lo que había dicho, jamás escribió ni archivó sus fichas.

Documentar es la madre de todos los procesos.

Implica saber descartar lo que no sirve, renombrar documentos, ordenar carpetas, usar sistemas de archivo accesibles.

La PERSONA ENFOCADA EN RESULTADOS es muy ordenada. No documenta en varias libretas y discos duros porque paga un sistema eficiente y seguro de almacenamiento en la nube. Dondequiera que vaya tiene sus documentos a la mano y constantemente los organiza y depura; sabe que en esas carpetas guarda su cerebro mismo.

LO QUE LE DA VALOR A UNA ORGANIZACIÓN

Cuando una empresa se vende, ¿cómo se valúa?, ¿qué le da valor? Una empresa vale:

- o Primero, por su salud financiera.

- o Segundo, por su cartera de clientes.

- o Tercero, por sus documentos.

Los documentos abarcan todo: desde licencias y contratos hasta manuales de operación, **OKR** y **LISTAS DE PROCESOS**.

Todo mundo sabe que los hermanos McDonald's fueron emprendedores visionarios, pero lo que nadie dice es que fueron sobre todo escritores y organizadores de procesos... ¡Ahí está el secreto de los grandes!

Si te consideras líder, tienes que escribir lo que haces y cómo lo haces; también debes pedirle a toda tu gente que haga lo mismo.

La recepcionista que contesta el teléfono debe anotar (conforme va contestando) quién llamó y cómo atendió la llamada. Sin embargo, lo más importante es que cuando no haya llamadas deberá ir creando un manual de lo que sabe: cuáles son las extensiones del conmutador, cómo se hace una comunicación tripartita, cómo se graba, cómo se deja en espera a alguien, cómo se pasa una llamada...

El trabajador inseguro no querrá hacer eso, porque pensará que si deja por escrito todo lo que sabe alguien más lo podrá copiar y él perderá el trabajo, pero lo  que no entiende es que la organización necesita un manual de todas las actividades; que la empresa vale, entre otras cosas, gracias a que la gente documenta sus procesos.

Las marcas corporativas valen más si tienen documentos. Nunca lo olvides. Tu marca personal (tu nombre) también vale más si tienes papeles; serás más cotizado si eres organizado y sabes dónde encontrar tus documentos, materiales y archivos.

Olvídate de ser olvidadizo. A partir de hoy nunca más puedes perder tiempo buscando herramientas o elementos extraviados. Para subir tu nivel de productividad necesitas enfocarte en el trabajo y dejar de buscar lo que tienes perdido en los discos duros o en los espacios físicos, porque hacer eso no es trabajar, es desperdiciar el tiempo.

ESTUDIAR Y HACER TAREA

Eres documentador de ideas y escritor de procesos. Ten en mente que todo eso equivale a una de las rutinas de alta productividad más poderosas: *hacer la tarea*.

Paola era una gran alumna. Desde niña fue muy responsable y creció siendo un ejemplo para sus compañeros.

A Paola le gustaba lucirse en clase. Pero se cansó. Cuando iba en el último año de la universidad vio el final de su carrera profesional como quien ve la luz en un largo túnel oscuro. Se dio cuenta de que pronto lograría la libertad y celebró que dejaría de estudiar y hacer tareas. ¡Al fin podría dedicarse al trabajo y olvidar para siempre la presión!

Como tenía excelentes notas, después de graduarse la contrató una empresa transnacional. Pero Paola no cumplió las expectativas de sus empleadores. Como subalterna fue mediocre.

Años después asistió a una reunión de exalumnos de su universidad. Descubrió, con asombro, que algunos de sus viejos colegas habían destacado más que ella en el trabajo. Especialmente uno, Agustín, su exnovio, se había casado, tenía mucho dinero, casa propia y gran prestigio. Paola siempre había sido más aventajada en la escuela que Agustín. ¿Por qué en el trabajo sucedió al revés?

Se sentó a platicar con él. Agustín le confesó que al terminar la carrera se hizo una promesa secreta: "Como en mis estudios casi nunca me esforcé, en esta nueva etapa, nunca dejaré de hacer tarea".

Durante toda su historia laboral, cada tarde, había dedicado una hora a estudiar y prepararse. En las mañanas, antes de iniciar la jornada, pensaba y organizaba su día. Luego se esforzaba en aplicar lo que había documentado. Para Paola fue una revelación dolorosa. Lo entendió. Nadie que se precie de ser productivo puede dejar de hacer tarea jamás.

Los estudiantes hacen tarea para sacar buenas notas, los profesionistas lo siguen haciendo, ya no para sacar buenas notas sino para ganar dinero (y prestigio, y poder, y fortaleza).

Solo haciendo tarea y documentando tus ideas podrás tener éxito profesional. Tu éxito vendrá solo de las investigaciones, planeaciones y escritos que realices a diario. No hay forma de lograr grandes resultados si no haces tarea. Tanto en la escuela como en el trabajo.

El mundo es de quienes hacen tarea. Todas las noches, antes de ir a ver la televisión o a dormir, invierte un tiempo en revisar lo que harás al día siguiente. Lee, investiga y escribe los documentos que te servirán para la próxima jornada.

Cuando un líder se reúne con su gente sabe qué decir, cómo organizarlos, cómo motivarlos y cómo llevar a su equipo a mejorar. Pero eso no lo logra por su instinto o por su capacidad de improvisación, lo logra porque el líder (a diferencia de los seguidores), la tarde anterior dedicó un tiempo a estudiar y planear.

La tarea es un ejercicio mental que te hace más fuerte. Y en productividad todo se trata de eso. La fortaleza física se logra en el gimnasio. La fortaleza mental se alcanza haciendo tarea y documentando ideas.

EVIDENCIA DE APRENDIZAJE

Nota para el maestro/conferencista: Pide a tus alumnos que hagan en clase el ejercicio de documentar dos momentos importantes con el objetivo de resaltar el aprendizaje de cada uno. Pídeles que compartan alguno de sus escritos; ayúdalos a comprender la necesidad y la magia de documentar las cosas importantes. Después pídeles que hagan la tarea y supervísalos.

ACTIVIDAD EN CLASE:

1. *En los últimos años has vivido momentos de angustia y dolor. También momentos de intensa alegría. Elige el peor y el mejor momento que hayas vivido. Ahora escribe dos documentos, uno para cada momento. Relata con detalle lo que sucedió y llega a conclusiones constructivas. ¿Qué aprendiste en cada*

situación? ¿Por qué eres mejor ahora, después de haber vivido esas situaciones?

ACTIVIDADES DE TAREA:

1. *El próximo fin de semana lo vas a dedicar a organizar tu espacio de trabajo. Vas a vaciar tus cajones y libreros para organizar las cosas de manera perfecta. Vas a desechar lo que no sirve y vas a etiquetar lo que sirve. Harás lo mismo con tus archivos y discos duros.*

2. *A partir de hoy designarás una libreta especial para documentar todas tus ideas. Cada día escribirás lo que haces y cómo lo hiciste. Dejarás un registro de tus actividades diarias.*

DÉCIMA OCTAVA SESIÓN

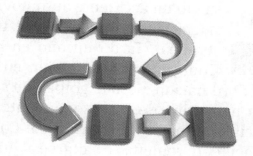

CHECKLIST DE PROCESOS

Nota para el maestro/conferencista: Imparte una conferencia sobre las rutinas que sueles usar en diferentes áreas que domines. El objetivo de la clase es *enseñar a los alumnos el poder de las listas de proceso, cómo realizarlas y seguirlas.* Puedes hablarles de los pasos para manejar un auto, realizar bien algún deporte o alcanzar determinada meta. Practica con ellos cómo hacer listas de procesos.

PROCESOS

Definición. *Un proceso es el conjunto de fases sucesivas que se llevan a cabo en un proyecto.* Los procesos deben ser puntuales y concretos. Regulan el trabajo y nos llevan en línea recta a los resultados mediante una serie de pasos.

No podemos evitar los pasos; ni hacer trampa para lograr resultados anticipados o forzados. Si quieres aprender a jugar tenis, a montar a caballo, a saltar de un trampolín haciendo piruetas en el aire, deberás seguir ciertos pasos específicos. Aunque los procesos se pueden simplificar y mejorar, hay puntos que jamás podemos obviar.

Damián era médico especializado en cirugía cardiaca. Con el paso de los años se convirtió en uno de los cirujanos más connotados. Pero Damián sufrió un accidente automovilístico y padeció las secuelas de un traumatismo craneal. Tardó un año en recuperarse. Todo parecía estar bien en sus conocimientos y coordinación, pero el golpe que sufrió lo hizo perder una parte fina de su razonamiento. Damián se volvió irascible, impaciente y nervioso. Como se fastidiaba con facilidad, comenzó a saltarse algunos pasos en sus cirugías. Esto lo llevó a consecuencias indeseadas.

Frente al juez, acusado por negligencia médica, Damián demostró que sabía lo que había hecho con el paciente que lo demandó, y que lo había hecho bien. Sin embargo, sus compañeros testificaron en su perjuicio diciendo que la cirugía tenía treinta y cinco pasos específicos y que Damián se había saltado seis de ellos. El cirujano se defendió diciendo que esos pasos no eran estrictamente necesarios. Pero en realidad sí lo eran. Así fue como perdió su licencia médica.

TIPOS DE PROCESOS

Los procesos son pasos de acción. En su modo más simple, un proceso es una lista de tareas. Cuando esa lista es repetitiva y se ejecuta todos los días para objetivos de "rutina", se llama **PROCESO AUTÓNOMO**. Cuando la lista se hace una sola vez para un objetivo único se llama **PROCESO ESPECIAL**.

Los PROCESOS AUTÓNOMOS son obligatorios, "de cajón"; se hacen todos los días de manera repetida. A la larga se convierten en hábitos.

Los PROCESOS ESPECIALES se realizan solo durante un tiempo, para lograr objetivos únicos. Estos procesos a la larga se convierten en logros.

Ignacio tenía pésimos hábitos de estudio. Era desorganizado y desenfocado. Decidió abandonar el bachillerato y buscó trabajo en diferentes lugares. Como no tenía preparación ni experiencia lo rechazaron en todos lados, excepto en uno. El restaurante de una famosa franquicia de hamburguesas. Esos lugares se caracterizan por mantener sus estándares de calidad usando colaboradores con el mínimo nivel de preparación. Hacen bien las cosas no gracias a la gente, sino a pesar de la gente. Ahí fue donde Ignacio aprendió una forma diferente de vivir y trabajar. Lo capacitaron para que siguiera listas de actividades. Su checklist era amplio y difícil de lograr. Estaba condicionado a un cronómetro y a una supervisión estricta. Ignacio sufrió mucho para seguir esos procesos, pero como necesitaba el trabajo fue perseverante y aprendió. Después de tres meses hacía las cosas con excelencia y rapidez. A los seis meses renunció y regresó a la escuela. Aplicó el sistema de listas de actividades contra reloj, se esforzó en seguirlas y no solo terminó el bachillerato, sino la universidad también, y ahora está haciendo una maestría.

Seguir procesos es indispensable, tanto para las organizaciones corporativas como para nosotros. En una empresa exitosa, creciente, las cosas funcionan de forma automática porque todos los colaboradores tienen un checklist diario.

Los procesos autónomos generan sistematización.

La SISTEMATIZACIÓN es el gran secreto. Las organizaciones prósperas crecen *a pesar de las personas*. Porque las personas son cambiantes: se enferman, se mudan, se accidentan, se casan, se divorcian; a veces están al cien y a veces al cuarenta. Una empresa de alta productividad no depende del humor de la gente, **sino de los PROCESOS AUTÓNOMOS** que realiza la gente.

¿QUÉ ES UN PROCESS CHECKLIST Y CÓMO SE HACE?

Justo después del tercer paso del OKR, escribiremos una lista de actividades más detallada. Veamos un ejemplo:

> **OBJETIVO CLAVE:** Generar una gran lealtad a nuestra marca.
>
> **RESULTADO MEDIBLE:** Lograr que en este trimestre todos nuestros clientes nos vuelvan a comprar.
>
> **ACCIONES INMEDIATAS:**
> a. Actualizar canales de comunicación con los clientes.
>
> b. Generar un control de calidad del servicio que prestamos.
>
> c. Crear un programa de lealtad y darlo a conocer.

Redactemos ahora el PROCESS CHECKLIST. Con base en las **ACCIONES INMEDIATAS** del **OKR.**

Nota: Si estás trabajando en un proyecto de EQUIPO y todos los participantes hacen cosas distintas, debes hacer un **PROCESS CHECKLIST** diferente para cada individuo. Al redactar el **PROCESS CHECKLIST** dale a cada oración un verbo en infinitivo, para que al final de la jornada la persona califique si hizo o no cada punto.

PROCESS CHECKLIST:

o Revisar cinco de los servicios que estamos dando para comprobar nuestra calidad.

o Hacer y postear un pequeño video o un mensaje de valor (no de ventas) para nuestras redes.

o Mandar como regalo personalizado el enlace de ese mensaje de valor a nuestros clientes.

o Revisar nuestro correo electrónico y los mensajes recibidos para responderlos de inmediato.

o Contactar personalmente con cinco clientes para ofrecerles las promociones de nuestro programa de lealtad.

La lista podría ser más grande. Normalmente lo es. Pero usemos estos cinco puntos como ejemplo para entender el tratamiento.

1. La persona debe poder ver su lista en todo momento.

2. La persona se compromete a llevar a cabo al menos el 90% de los puntos.

PROCESO ESPECIAL: Si realizas la lista de trabajo solo por un tiempo, con 90% de efectividad, habrás realizado un **PROCESO ESPECIAL**.

PROCESO AUTÓNOMO: Si realizas esta lista de trabajo de forma diaria e indefinida, después de varias semanas habrás adquirido un nuevo hábito y tendrás un **PROCESO AUTÓNOMO**.

¿Debemos hacer manuales de operación?

Los manuales de operación son clásicos. Aquellos libros enormes con vasta información que nadie lee. Es bueno tenerlos, aunque sea para presumirlos en el librero, pero lo que en realidad funciona es hacer la división de trabajos generando una lista de actividades diaria para cada persona. Al final del trimestre solo se medirán los resultados de esas listas de actividades, que deberán tener 90% de efectividad. Así se logra la SISTEMATIZACIÓN.

Otro ejemplo.

Una escuela. Tiene el OKR de elevar al máximo la calidad de sus servicios educativos. Los directivos dan a sus maestros la siguiente LISTA DE PROCESO:

Diariamente:
- o No faltar a ninguna de mis clases.
- o Llegar puntual a mis clases.
- o Pasar lista.
- o Explicar el PROPÓSITO GOBERNANTE antes de iniciar mis clases.
- o Mantener el control y la disciplina del grupo.
- o Dar clases preparadas y dinámicas.
- o Comprobar que mis alumnos aprendan.
- o Calificar sus tareas y darles retroalimentación.
- o Mantener un ambiente de respeto; no permitir burlas.
- o Hacer mis guardias con buena actitud.

En el mes:
- o Entregar avances programáticos.
- o Entregar calificaciones en tiempo.

PROCESO AUTÓNOMO para garantizar la calidad de las clases: Si los maestros de aquella escuela tienen su lista de actividades a la mano, y terminan cada jornada calificando sus diez puntos diarios con un 90% de efectividad habrán logrado el objetivo.

Querido emprendedor: Si tus **PROCESS CHECKLIST** están correctos, si cubren todas las áreas de la operación del negocio, y todos los implicados las cumplen al 90% al menos, entonces tendrás un **EMPRENDIMIENTO AUTOMATIZADO**. Eso hará que tu empresa funcione por sí sola, es decir, sin que tú estés ahí (por fuerza) diariamente a las siete de la mañana.

Una última acotación: Tus **PROCESS CHECKLIST** pueden ser también la base para generar un programa de incentivos económicos. Mientras más clara, simple y específica sea la lista de actividades de cada persona de tu equipo, más fácil será medirla para generar castigos o incentivos.

EVIDENCIA DE APRENDIZAJE

Nota para el maestro/conferencista: Pide a tus alumnos que realicen los ejercicios que se indican y acompáñalos en la aventura de grabar un video en el que demuestren sus conocimientos en procesos específicos.

Hoy vamos a hacer **PROCESS CHECKLIST** *para actividades que cada uno de nosotros sabemos hacer. ¿Cuál es tu inteligencia productiva general? Con base en ella, ¿en qué eres experto? Elige una actividad que realices bien. Ahora haz estos ejercicios:*

1. *Desarrolla una lista de* **PROCESO AUTÓNOMO** *para tu actividad favorita.*

2. *Desarrolla una lista de* **PROCESO ESPECIAL**.

3. *Explícales esos* **PROCESOS** *a tus compañeros.*

4. Haz un video (que podrías subir a YouTube) en el que le expliques a la gente la **LISTA DE PROCESO** en la que eres experto, y manifiéstate ante el mundo como especialista de ese tema.

DÉCIMA NOVENA SESIÓN

PROCESO DE ACTIVACIÓN PRIVADA

Nota para el maestro/conferencista: Imparte a tus alumnos una charla con el objetivo de enseñarles *la importancia de las rutinas de activación privada, en qué consisten, cómo se hacen y por qué es fundamental realizarlas.* Amplía cada una con ejemplos y datos. Genera en ellos un compromiso real de aplicar estas rutinas en su diario vivir. Déjales de tarea que den un testimonio de cómo se han sentido después de llevarlas a cabo.

La gente comienza el día con TIMING MUERTO, por eso en algunas organizaciones existen **PROCESOS DE ACTIVACIÓN** para los equipos de trabajo: música, ejercicios físicos o mentales, tareas designadas para poner a la gente en ritmo. Pero en la mayoría de los lugares, nosotros solos, sin ayuda, debemos ponernos en **TIMING PRODUCTIVO.** Sobre todo, cuando trabajamos en casa.

Vamos a estudiar la ACTIVACIÓN PRIVADA. Se trata de uno de los procesos más importantes de las personas enfocadas a resultados. Son acciones, en checklist, que un individuo debe realizar de manera individual para activarse y lograr un nivel de **TIMING PERFECTO.**

Fernanda era una alumna inteligente, bonita, de buena familia, pero consentida y caprichosa. En invierno, llegaba a la escuela envuelta en su cobija afelpada favorita, con la que dormía. A pesar de que el prefecto le exigía mostrar el uniforme, ella lo hacía unos segundos y volvía a envolverse en la cobija. Así tomaba clases. Decía que tenía frío. Con frecuencia se quedaba dormida en el salón. A pesar de su gran potencial, Fernanda era una pésima estudiante porque no tenía la capacidad de activarse temprano en la mañana para ser productiva, y lo que no se hace temprano en la mañana es más difícil lograrlo durante el resto del día.

Una persona como tú debe activarse diariamente. Incluso los domingos. ¿Alguna vez has pasado un día completo en pijama, sin bañarte, sin quitarte las pantuflas? Bueno, pues ese día es improductivo por la única razón de que nunca te activaste. Activarse consiste en seguir un proceso sistematizado de siete rutinas:

1. Dormir ocho horas diarias.
2. Abandonar la cama antes de que salga el sol.
3. Ofrecer el día.
4. Ejercitarse 21 minutos.
5. Bañarse con agua fría.
6. Desayunar sanamente.
7. Escuchar mensajes activadores.

PRIMERA RUTINA DE ACTIVACIÓN

DORMIR OCHO HORAS DIARIAS.
Un buen día comienza el día anterior. *En la víspera de la jornada que queremos hacer grandiosa hacemos tarea y nos preparamos, pero también descansamos. Aunque parezca una obviedad, la* **PERSONA ENFOCADA EN RESULTADOS** *tiene hábitos sanos de sueño. Duerme bien. No se desvela.*

Le preguntaron a Jeff Bezos cuánto tiempo dormía, y él contestó que entre siete y ocho horas diarias. El entrevistador le dijo "¿no es eso es demasiado para un adulto emprendedor?", y él contestó que su trabajo directivo consistía en tomar decisiones importantes y difíciles, para lo cual necesitaba una mente alerta; y que la mejor forma de lograr eso era dándole descanso adecuado a su cerebro. También se sabe que Bill Gates, Mark Zuckerberg, Tim Cook (CEO de Apple) y muchas otras personas geniales cuidan celosamente sus horas de descanso. Ellos saben, mejor que nadie, que para ganar juegos de estrategia se requiere tener una mente descansada.

¿Dormir es una pérdida de tiempo? Muchos promotores de la productividad lo afirman; dicen que el cuerpo en realidad no necesita ocho horas de sueño. Dicen que cuatro o cinco serían suficientes. Sin embargo, está comprobado que dormir bien tiene un efecto de reparación neuronal y celular. Eduard Estivil, especialista en medicina del sueño, dice que el sueño es nuestro taller de restauración y memorización. Durante el sueño se genera la hormona del crecimiento responsable de la regeneración tisular; dormir renueva las conexiones neuronales; no dormir produce disminución de la capacidad mental. Las horas de más creatividad y productividad son justamente las que vienen después de dormir bien.

ABANDONAR LA CAMA EN CUANTO SALGA EL SOL.

Si te desvelas tendrás problemas para levantarte temprano. Es importante que alinees tu reloj biológico para que despiertes al momento del amanecer. Si puedes, no cierres las cortinas o las persianas, así el sol iluminará tu habitación.

Pon el despertador lejos de la cama; eso te obligará a levantarte cuando suene. Si el despertador es tu teléfono, con más razón ponlo lejos. No duermas abrazándolo ni usándolo como almohada. El teléfono hará que te desveles de la manera más inútil. En esta nueva etapa, programa el despertador cuarenta minutos antes de lo habitual. Eso te permitirá realizar la siguiente rutina.

OFRECER EL DÍA.

En la cultura occidental estamos acostumbrados a pedir. Nuestra oración se centra en peticiones. Es momento de aprender a hacer lo contrario. La tercera rutina de activación consiste en guardar silencio unos minutos a solas en un lugar privado, repasar nuestra lista de pendientes y ofrecerla como regalo en un ejercicio privado y secreto. (Doy por sentado que tienes conciencia de tu sentido de misión en esta vida, y de que también tienes sentido común: sabes que un libro no se escribe solo y que el libro del ADN y de la vida con millones de fórmulas matemáticas perfectas no se pudo escribir por casualidad; entiendo que tienes una INTELIGENCIA ESPIRITUAL que te permite conectarte con tu Fuente Original, y reconoces su amor y su presencia.)

Ofrécele a Dios tu día. Ofrécele el regalo de lo que vas a hacer con ese día. En agradecimiento a la protección que te ha dado, a los beneficios que te sobreabundan, habla con él unos minutos diciéndole lo que vas a hacer en las siguientes horas, sin pedirle nada, pero ofreciéndole lo mejor de ti. Este ejercicio lo hace muy poca gente, y es uno de los más poderosos para activarte. Cuando ofreces tu día ya no te puedes distraer ni dejar de hacer aquello que prometiste hacer.

CUARTA RUTINA DE ACTIVACIÓN

VEINTIÚN MINUTOS DE EJERCICIO.

Dorian fue a una expedición en la montaña con su hijo adolescente, pero era tan lento para caminar que su hijo se desesperó y lo dejó atrás. La noche anterior había llovido demasiado y el cerro se estaba desgajando. El hijo de Dorian se desbarrancó y gritó. Dorian lo escuchó.

Corrió sofocado hasta el lugar donde estaba el muchacho. Era una pendiente muy pronunciada. Dorian trató de bajar. Su enorme peso lo hizo perder el equilibrio y se fue hasta el fondo del barranco. No solamente fue incapaz de ayudar a su hijo, sino que fue su hijo quien lo tuvo que sacar de ahí. ¡Pero con una grúa! Dorian era muy obeso. Confesó que nunca había sentido tanta vergüenza en su vida.

Nadie puede ser productivo si está enfermo, cansado o débil. Tu cuerpo se deteriora cuando lo trabajas sin activación. Ya aprendimos a tener una mentalidad de **FORTALEZA FÍSICA**; ahora apliquemos esa mentalidad a nuestra cuarta rutina diaria. Si no tienes tiempo para hacer veintiún minutos de ejercicio conforme a nuestro programa, deberás al menos, antes de bañarte, hacer lagartijas, abdominales, saltos en tu lugar. Siete minutos de buen movimiento (*debe* hacerse por las mañanas) te ayudarán a activar el cuerpo para continuar.

QUINTA RUTINA DE ACTIVACIÓN

BAÑARSE CON AGUA FRÍA.

Hay gente que se baña en las noches como los bebés, porque un baño bien caliente, relaja. Meterte a un jacuzzi de cuarenta grados te relaja tanto que se te baja la presión y te sientes débil. Pero no eres un bebé.

Una persona productiva se baña por dos razones: en primer lugar, para asearse; en segundo lugar, para activarse. Por eso debe bañarse en las mañanas.

La temperatura del agua debe ser tibia, tirándole a fría. El agua tibia, fría, después de hacer ejercicio genera un aumento exponencial de poderosos neurotransmisores que te ponen en estado de máxima potencia. Después de esta rutina te habrás convertido en una persona varias veces más activa y creativa de lo que normalmente eres. Pruébalo. No falla. Llevamos cinco rutinas. Hazlas con detenimiento y celo. Verás la transformación de tu cuerpo y de tu mente.

SEXTA RUTINA DE ACTIVACIÓN

DESAYUNAR SANAMENTE.

El desayuno es la comida más importante del día, lo hemos escuchado muchas veces y seguimos sin desayunar. O desayunando mal. Hay gente que en las mañanas solo toma pan y café (azúcar y carbohidratos). Otros desayunan una Coca Cola.

Todo tu cuerpo se "regenera" cada año. Piel, músculos, incluso órganos internos. Dentro de un año, cada una de las células que ahora conforman tu organismo habrá desaparecido. Tu cuerpo está en un ciclo constante de regeneración. Después de los treinta años, el proceso natural de "reconstrucción" comienza a rezagarse, o sea, que la degeneración ocurre más rápido que la regeneración. Ahora, ¿qué piensas que utiliza tu cuerpo para reconstruirse? ¡Usa la hormona de crecimiento (que se produce durante el sueño) y la comida!

Eres lo que comes. La mayoría de las personas no tienen la menor idea del daño que se hacen con los alimentos. Tampoco están conscientes de lo bien que podrían sentirse si dejaran de alimentarse mal.

COMIENZA UNA NUEVA ETAPA

Pocas personas logran grandes resultados. Mientras unos cuantos consiguen avanzar en el trabajo y en la vida, otros apenas alcanzan resultados mediocres. A estas alturas del curso ya debemos saber por qué sucede una cosa u otra. Todo estriba en LO QUE PENSAMOS Y LO QUE HACEMOS. Mentalidad y procesos.

Los procesos requieren disciplina. Empecemos con los nuestros. Activémonos en privado y sorprendamos en público.

EVIDENCIA DE APRENDIZAJE

Nota para el maestro/conferencista: Pide a tus alumnos que escriban respuestas amplias para las siguientes preguntas. Después pídeles que compartan sus conclusiones entre ellos o frente a toda la clase. Haz que la dinámica genere nuevos propósitos de acción.

1. *Habla sobre la experiencia que has tenido desde la sesión antepasada, cuando comenzaste a usar tu libreta de documentación, y organizaste tu espacio de trabajo.*

2. *Investiga en Internet datos sobre los beneficios científicos comprobados de las seis rutinas que estudiamos hoy. Haz un documento que enriquezca la información de este capítulo y compártela con tus compañeros.*

Vigésima sesión

PROCESOS ESPECIALES Y PRIORIDADES

Nota para el maestro/conferencista: Imparte a tus alumnos una conferencia sobre ejecución. El objetivo es *enseñarles la forma en que se logra sobresalir en el mundo productivo ejecutando procesos especiales y prioridades.* Que les quede claro cómo identificar y realizar estos procesos en su día a día. Haz que estudien la siguiente información.

Queremos alcanzar resultados fuera de serie. No tomamos un curso como este para quedarnos en la mediocridad de solo seguir rutinas como hacen los empleados de franquicias. Lo que verdaderamente nos hará destacar y crecer a niveles altos son los **PROCESOS ESPECIALES**, los proyectos únicos; lidiar tanto con los tiburones que echamos a nuestra propia pecera para progresar como con los que caen de improviso y amenazan con matarnos.

Alcanzar niveles altos de productividad es difícil. Nos exige acciones incómodas, salir de nuestra zona de confort, tener la disposición de hacer cosas difíciles y retadoras CADA DÍA.

Buscar actividades que vayan más allá de la rutina, que formen parte de **PROCESOS ESPECIALES**: proyectos únicos, exigentes, que nos puedan hacer estirarnos y crecer.

Siempre es más fácil limitarnos a PROCESOS AUTÓNOMOS, porque los dominamos y no nos exigen demasiado esfuerzo; cuando los hacemos podemos justificar que estamos trabajando. Pero con ellos nos quedamos estancados. Si queremos apuntar a la grandeza debemos cumplir con las rutinas, y hacer algo más.

TRÁGATE LA RANA ANTES DE LAS ONCE

Había una vez un hombre muy negativo. Se quejaba de todo: del trabajo, de sus achaques, de su cuerpo, del gobierno, de la gente, de su mala suerte. No paraba de quejarse. Todo lo veía mal y todo le costaba trabajo. Como era tan negativo lo habían despedido de varios empleos. Pero un día le dieron la oportunidad de trabajar en una gran empresa con un buen sueldo. La esposa de este hombre sabía que solo era cuestión de tiempo para que lo corrieran otra vez. Así que fue a hablar con el jefe de su marido. Le dijo:

—Mi esposo es un buen hombre. Necesito que lo ayude, porque él no puede perder este empleo.

El jefe contestó:

—Ya me había dado cuenta de que, en efecto, a su marido todo le parece difícil. Estaba a punto de despedirlo. Pero vamos a ver... le voy a dar otra oportunidad.

La mujer se fue, y el jefe llamó al hombre.

—A partir de mañana vas a tener una nueva tarea obligatoria —le dijo—. Antes de entrar a la oficina, todos los días vas a ir a la laguna estancada llena de ranas y renacuajos que está afuera de la empresa. Tu primera actividad de cada día será atrapar una rana viva y tragártela.

Después de que hayas hecho eso podrás entrar a seguir trabajando.

El hombre protestó, se quejó de todas las formas imaginables, pero no le quedó otra opción que obedecer.

Al día siguiente, antes de entrar a la empresa, fue a la laguna, atrapó una rana y trató de comérsela. No pudo. Cada vez que se metía la rana a la boca sentía ganas de vomitar. La rana pataleaba y él no se animaba  a masticarla. Intentó tragársela de muchas formas, pero se le atoraba en la garganta, y casi se ahogaba. Tosió, vomitó, buscó una rana más chica y siguió luchando durante varias horas hasta que por fin lo logró. Se tragó la rana. Después de esa dificilísima experiencia, entró a la oficina y habló con el director. Le dijo:

—Lo hice. Me tragué la rana, ¿ahora qué hago?

—Aquí tienes —su jefe le dio su lista de actividades que debía realizar durante el resto del día. El hombre, antes negativo y quejumbroso, vio la lista y se rio:

—¡Sin problema! ¡Después de haberme tragado la rana, todo lo demás será sencillísimo!

Escribí este cuento partiendo de la frase conocida de un escritor clásico: Mark Twain dijo: "Si te tragas una rana viva en la mañana, todo lo demás que hagas será fácil".[6] La rana de Mark Twain simboliza la actividad prioritaria, difícil, incómoda, importante, única, parte de un **PROCESO ESPECIAL** que solemos posponer. Por lo regular preferimos hacer las cosas fáciles antes que enfrentar esas actividades complejas que nos exigen demasiado y nos estresan. Pero es una

---

6. Esa frase de Mark Twain inspiró también a Bryan Tracy para escribir el libro *¡Tráguese ese sapo!*

ley de alta productividad: la única forma de llegar lejos es comiendo una rana cada día.

Para empezar, debemos identificar nuestras ranas diarias.

La rana que vamos a tragar tiene varias características:

1. Es una actividad especial. No está dentro de nuestra rutina.
2. Realizar esa actividad nos reporta más avances y beneficios que muchas otras.
3. Es difícil de hacer y tenemos la tentación de posponerla.
4. Otras personas no la quieren o no la pueden hacer.
5. Nos exige tiempo, esfuerzo y concentración total.

Debemos identificar esa actividad antes de iniciar la jornada, y convertirla en lo primero que hagamos, porque una vez que la hayamos completado, podremos decir que el día valió la pena. Después de tragarnos la rana, cualquier otro trabajo será más fácil y menos importante.

"Trágate tu rana antes de las once". Es un letrero que estaba en todos los pasillos de una empresa afiliada al MÉTODO TIMING. Si tu día productivo comienza a las ocho de la mañana, invierte las primeras tres o cuatro horas en tragarte tu rana diaria. No contestes correos electrónicos, no atiendas mensajes, no tengas juntas o reuniones innecesarias. Quita de tu entorno cualquier distractor, cierra la puerta con llave y dile a tu gente que no te moleste. Haz que todos los miembros de tu equipo hagan lo mismo. Todos ellos tienen una rana que tragarse.

APLICA EL FACTOR "QUÉ SIGUE"

Después de tragarnos la rana hemos triunfado, y después de un triunfo tenemos la tendencia a desplomarnos en un sillón, satisfechos y orgullosos. A veces salimos de la oficina a "cacarear el huevo". Nos encanta hablar de lo estupendo que somos. También nos sentimos con derecho a descansar.

Pero el día productivo no ha terminado. La mayoría de la gente vive atrapada en el **FACTOR "QUÉ PASÓ"**, y tiende a frenarse después de que ha hecho algo bien (o mal). Pierde demasiado tiempo contemplando sus aciertos o errores. Muchos jefes invierten horas buscando culpables de las cosas que se hicieron mal; creen que su trabajo es dar golpes y cortar cabezas. A otros les encanta darse el resto del día libre cuando las cosas salieron bien. Viven enfocados en el pasado. Atrapados en el **FACTOR "QUÉ PASÓ"**.

¿Qué sigue? En la mente de un líder y de una **PERSONA DE ALTO RENDIMIENTO** todo se enfoca en lo que sigue: continuar metiendo goles y preguntarnos ¿qué sigue? Para alcanzar una **ALTA PRODUCTIVIDAD** debemos mirar siempre hacia delante. Tenemos que dar por sentado que el pasado ya no existe, debemos aprender de él y seguir, seguir, seguir.

ACORTA LOS PLAZOS

No establezcas plazos muy largos. Si te tragas una rana todos los días, y tienes presente en tu mente que debes aplicar el **FACTOR "QUÉ SIGUE"**, comenzarás a tener resultados fuera de lo ordinario, es decir, extraordinarios; pero aún deberás hacer algo más que las personas poco productivas no hacen: **ACORTAR LOS PLAZOS**.

Los proyectos ocupan todo el espacio de tiempo disponible. Se expanden hasta llenar el tiempo asignado.

Miguel recibió un requerimiento de la autoridad. Le exigían varios documentos y un escrito detallado en el que debía explicar sus operaciones financieras del último mes. Lo primero que preguntó Miguel fue: "¿cuánto tiempo tenemos para presentar el escrito y las pruebas documentales?". Sus asesores le dijeron que tenían veinte días hábiles. Entonces Miguel y su equipo se dedicaron a trabajar. Fueron reuniendo información y redactando el oficio. Justo la noche del día anterior a que se cumpliera el plazo de veinte días completaron la carpeta y la entregaron (faltando apenas unos minutos antes del límite permitido).

La autoridad contestó, y esta vez solicitó más información y un oficio más extenso, pero con la diferencia de que solo les dio cinco días. Miguel y su equipo se dedicaron a trabajar. Y justo en la noche del día anterior a que se cumpliera el plazo completaron el expediente para entregarlo minutos antes del límite permitido.

¿Por qué en una ocasión Miguel y su gente se llevaron veinte días y en otra cinco, cuando ambas actividades eran igualmente complejas?

El tiempo límite manda. Lo que nos hace terminar antes un proyecto no es la complejidad del proyecto, sino el tiempo permitido. Si cuentas con seis días para hacer una tarea, usarás los seis días. Si cuentas con dos, ocuparás dos. Y eso no significa que tu trabajo en seis días vaya a ser mejor. Con frecuencia incluso el que haces con más rapidez es más efectivo porque te dedicas y te concentras mejor. Así que, en la medida de lo posible, acorta los plazos. Sé exigente contigo y con tu equipo. Atrévanse a hacer más en menos tiempo. Verás que serás capaz de hacer cosas que nunca habías hecho.

CRONOMÉTRATE

Esto se aplica a personas y a procesos. Dedicamos todo un capítulo en la primera parte (PERSONAS) para hablar de cómo **COMPETIR CONTRA RELOJ**. Ahora, en esta segunda parte (PROCESOS) necesitamos retomar el concepto.

Usa el reloj como herramienta obligatoria. Pon un cronómetro enfrente de ti o a un lado de tu monitor. Échale un vistazo constantemente. Determina tus tiempos y no pierdas de vista que cada minuto cuenta. La persona que cronometra sus actividades es varias veces más productiva que aquella que ni siquiera tiene en cuenta la hora. El cronómetro nos pone en modo de competición. Ya hemos aprendido que para ser altamente productivos debemos competir. ¿Competir contra quién? Contra nosotros mismos. Y contra reloj.

EJECUTAR Y NO SOLO PENSAR

Muchos individuos saben venderse: son expertos en preparar currículos impresionantes, coleccionar diplomas y hablar de forma grandilocuente para que los contraten. Es la historia de miles. En efecto, reciben la oportunidad de trabajar en buenos sitios gracias a sus promesas. Pero al día siguiente de que son contratados comienzan a hacer un mal trabajo. No tienen iniciativa, no proponen y no meten goles. Claro, se justifican diciendo que están aprendiendo, pero después de un mes siguen aprendiendo y siguen sin meter goles. No obedecen procesos, no documentan, no se activan, no se tragan la rana diaria, no aplican el **FACTOR QUÉ SIGUE**, no acortan los plazos, ni se cronometran.

Esta historia se repite en todas las empresas. Se dice que no hay trabajo, o que el trabajo escasea, pero en realidad lo que escasea son personas que sepan seguir **PROCESOS ESPECIALES**, atender prioridades y lograr resultados excepcionales.

EVIDENCIA DE APRENDIZAJE

Nota para el maestro/conferencista: Indícales a tus alumnos de cuánto tiempo disponen para contestar las preguntas. Pídeles que compartan sus respuestas. Haz que se comprometan a ejecutar **PROCESOS ESPECIALES** y **PRIORIDADES** a partir de hoy.

Pon el cronómetro de tu celular frente a ti (configura la pantalla para que no se apague). Determina el tiempo del que dispones para contestar las siguientes preguntas y comienza a escribir contra reloj.

1. *Analiza tu trabajo productivo y escribe cuáles son tus PROCE-SOS ESPECIALES Y PRIORIDADES pendientes.*

2. *Identifica una rana que debes tragarte cuanto antes. Detalla por escrito en qué consiste.*

3. *Relata una anécdota personal o de trabajo en la que hayas quedado atrapado en el FACTOR "QUÉ PASÓ", lamentándote, buscando culpables, o celebrando algo sin seguir adelante.*

4. *Define un proyecto importante al que le hayas puesto determinado plazo para alcanzarlo. Atrévete a acortar ese plazo y escribe la forma en que vas a lograr realizar el proyecto en menos tiempo sin sacrificar la calidad.*

5. *Describe hasta dónde crees que puedes llegar en la vida y en el trabajo aplicando las técnicas de alta productividad.*

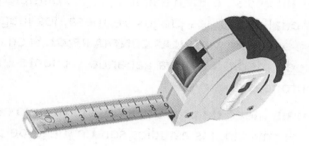

MÉTRICAS DE PRODUCTIVIDAD

Nota para el maestro/conferencista: Imparte a tus alumnos una clase sobre métricas; el objetivo es *enseñarles a medir sus resultados*; dales ejemplos y datos que complementen la información que ellos deben leer aquí. Haz que se comprometan a medir todo.

LOS RESULTADOS SE MIDEN

La medición es lo más importante del juego. Cuando hablamos de "enfoque en resultados" todo converge aquí. Un juego que no se puede medir, no se puede jugar.

¿Por qué te diviertes cuando ves un partido de futbol? Porque sabes quién gana, quién pierde y quiénes quedan empatados. Porque sabes cuándo termina el juego y cuál fue el resultado. Ahora imagínate que la cancha de futbol fuera circular y no hubiera porterías. Imagina que el juego consistiera en que los jugadores se mandaran la pelota unos a otros para ver quién hace los movimientos y pases más sofisticados. Imagina que el partido durara ocho horas continuas (en vez de noventa minutos). ¿Te apetecería verlo?

¿Te apetecería jugarlo? ¡Sería terriblemente aburrido para todos!, porque lo que hace emocionante un partido son las **MÉTRICAS CONTRA RELOJ.**

Todos los juegos se miden así; los juegos olímpicos de todas las modalidades, los juegos de mesa, los juegos *de lo que sea* se basan en **MÉTRICAS CONTRA RELOJ.** Si en un juego no se puede medir quién va ganando y cuánto tiempo le queda, entonces no sirve.

La vida es un juego de productividad. El trabajo es un juego de productividad, los estudios son un juego de productividad. Si queremos que el juego funcione, que sea divertido, que podamos ganar, debemos tener **MÉTRICAS CONTRA RELOJ.**

LA MENTE HUMANA TRABAJA CON MÉTRICAS

Hay empresas en las que nada se mide. Es como si la gente jugara futbol en una cancha circular sin porterías y sin tiempo límite. ¡Aburrido! La secretaria llega a atender gente y a recibir llamadas sin métricas contra reloj. ¡Aburrido! Los operadores llegan a apretar tornillos y mover botones sin métricas contra reloj. ¡Aburrido! Los gerentes llegan, según ellos, a atender los problemas que van surgiendo, y a meter sus narices en todos los departamentos a la caza de mal portados. ¡Aburrido! Por eso la gente no es feliz trabajando, porque nadie puede jugar ese tipo de juegos sin pensar, tarde o temprano, en el suicidio.

Mentalidad de resultados significa competir. A lo largo de este curso hemos dejado claro que en la productividad el tiempo importa. Que el cronómetro es una herramienta indispensable y que todo esto se trata de competir contra nosotros mismos.

El domingo pasado salí a trotar al parque. Por lo regular corro seis kilómetros cada tercer día. Antes de comenzar el entrenamiento suelo activar la aplicación de velocidad y ritmo. Durante los treinta minutos de entrenamiento me voy monitoreando. Al final anoto los resultados. Los comparo con los de la semana anterior y con los del mes pasado. Así puedo ver mi progreso.

Pero el domingo salí a trotar sin medidor de ritmo. Entonces me relajé, y en cuanto sentí cansancio me detuve. Caminé y terminé sentado en una banca mirando a los otros corredores.

Eso hacemos en las empresas. Como no competimos contra nosotros mismos y trabajamos sin medir nuestro ritmo, acabamos deteniéndonos y contemplando trabajar a otros.

En la cultura de ENFOQUE EN RESULTADOS todo tiene que medirse. El vendedor no puede llegar solo a revisar su lista de prospectos. Primero debe documentar a cuántos llamó, qué le dijeron y qué logró. Segundo, tiene que seguir su **CHECKLIST DE PROCESOS**. Tercero, debe hacer un resumen de todo lo que documentó para poder comparar lo que hizo este mes con lo que hizo el mes anterior, y así programar lo que hará el mes siguiente. Solo si medimos los resultados de nuestro trabajo podemos hacer que el juego sea divertido.

Aceptemos ser examinados. En una organización, competir contra nosotros mismos también significa rendir cuentas. Es lo mismo que hacer exámenes en una escuela. Sin importar qué tan bueno sea el alumno, siempre debe haber un profesor que lo examine y le diga si va bien o no. La cultura de **ENFOQUE EN RESULTADOS** es también una **CULTURA DE RENDICIÓN DE CUENTAS**. No nos debemos ofender ni molestar cuando alguien nos pregunte cuáles son nuestros avances.

Nelva era amiga personal de un empresario que quiso contratarla como directora. Cuando Nelva llegó a la organización había mucho que hacer. La compañía estaba llena de problemas. Nelva se pasaba los días tratando de organizar a las personas y luchando por resolver temas recurrentes. A los tres meses, el CEO de la empresa la mandó llamar y le dijo:

—A ver, Nelva, necesito que me expliques lo que has hecho en este trimestre. Dame métricas. Dime hechos concretos.

Ella se ofendió y le dijo:

—No puede ser que me preguntes esto. ¿Acaso no confías en mí? ¡No he parado de trabajar! ¡Me la paso todos los días resolviendo asuntos y atendiendo gente!

—Sí —comentó el CEO—, pero yo necesito que me digas específicamente qué has hecho.

Nelva susurró que eso era maltrato laboral. El jefe insistió:

—Tranquila. Solo estoy pidiendo tu **DOCUMENTACIÓN DE IDEAS,** necesito saber qué escribiste, quiero saber qué **OBJETIVOS CLAVE** alcanzaste y qué **PROCESOS** seguiste.

Ella miró a su amigo (a partir de ese momento su examigo) con lágrimas en los ojos y dijo:

—Renuncio.

MÉTRICAS OBLIGATORIAS

Este es nuestro compromiso más importante del curso. Hemos estudiado veinte lecciones para llegar hasta aquí: al punto final, al *target* definitivo del concepto **ENFOQUE EN RESULTADOS.** No importa cuál sea tu labor dentro de una corporación o qué trabajo productivo realices

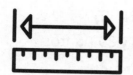 como persona, debes aprender a medir tus resultados mensuales y trimestrales. De igual manera, si tienes colaboradores a tu cargo o eres líder de algún proyecto, tienes la obligación de pedir cuentas a tu gente y obligarla a llevar métricas.

MÉTODO PARA LLEVAR MÉTRICAS

1. **Se escriben los OKR.**

2. **Se escriben los CHECKLIST.**

    a. De procesos autónomos.

    b. De procesos especiales.

3. **Se asigna un color de semáforo para los puntajes de cada checklist:**

    ◦ **VERDE:** 90% a 100% de cumplimiento.

    ◦ **AMARILLO:** 80% a 90% de cumplimiento.

    ◦ **ROJO:** Menos de 80% de cumplimiento.

Midamos con los colores del semáforo.

Vayamos a los ejemplos de la sesión dieciocho. A partir de **OBJETIVOS CLAVE** hicimos **LISTAS DE PROCESOS.** ¿Recuerdas? Una empresa quería generar gran lealtad de sus clientes y con esa base creamos un checklist de 5 puntos. Fíjate bien: La persona que va a ejecutar ese checklist debe realizar los 5 puntos todos los días de lunes a viernes. Esto nos arrojaría 25 ACCIONES A LA SEMANA; cada acción realizada vale un punto. Así, la persona deberá lograr 100 puntos al mes. Como todo se documenta y se califica, al terminar el mes puede decirle a su jefe:

1. "ESTOY EN VERDE", si logró de 90 a 100 puntos.

2. "ESTOY EN AMARILLO", si logró entre 80 y 89 puntos.

3. "ESTOY EN ROJO", si logró menos de 80 puntos.

Otro ejemplo que vimos fue el de una escuela que deseaba elevar al máximo la calidad de sus servicios educativos, para lo cual creamos un checklist para los maestros de 10 puntos diarios. Si un maestro debe ejecutar 10 puntos de lunes a viernes, eso equivale a 200 puntos al mes. Al terminar el mes, el maestro puede decir:

1. "ESTOY EN VERDE", si logró de 180 a 200 puntos.

2. "ESTOY EN AMARILLO", si logró entre 160 y 179 puntos.

3. "ESTOY EN ROJO", si logró menos de 160 puntos.

CÓMO SE REGISTRAN LAS MÉTRICAS

Califícate. En una organización enfocada en resultados las personas saben lo que tienen que hacer y se califican a sí mismas. Pueden decir:

"En mi PROCESO ESPECIAL estoy en amarillo, me está costando trabajo. Tengo algunas dudas, ¿me puedes ayudar? Por otro lado, en mi PROCESO AUTÓNOMO estoy en verde. Voy muy bien, no tengo problemas".

El líder necesita esos datos. Debe ser capaz de detectar cuando alguien de su equipo está en rojo. ¡Y nadie puede estar en rojo! Cuando el árbitro saca la tarjeta roja en un partido de futbol no es para motivar al jugador; es para decirle que se tiene que ir. Claro, en las organizaciones no podemos ser tan drásticos, porque con mucha frecuencia una persona que está en rojo puede, si se le apoya y capacita, lograr amarillos o verdes en el siguiente mes. La rotación de personal también es un rojo para los directivos, así que les conviene hacer que la gente logre estar en verde. Aunque si alguien no tiene la actitud ni la disciplina suficiente y se mantiene en rojo por dos meses seguidos, deberá dejar el puesto.

MÉTRICAS KPI

KEY PERFORMANCE INDICATORS. Para las personas y organizaciones que quieren profundizar en el tema, existe otro tipo de métricas más complejas que también se pueden incluir en los **PROCESS CHECKLIST**. Se llaman **KPI**. Son métricas que usan fórmulas.

EJEMPLOS DE KPI:

1. RETORNO SOBRE LA INVERSIÓN: Cuánto dinero ha "regresado" en el negocio, comparándolo con lo que hemos invertido en él. La fórmula es: $RSI = [(G-i) \div i] \times 100$.

En donde:

RSI = Retorno sobre la inversión

G = Ganancia o ingresos obtenidos en un periodo

i = Cantidad de dinero invertida

2. FACTURA PROMEDIO: Cuánto dinero se cobra en un mes promediando todas las facturas de ese mes. La fórmula es: $FP = IM/FM$

En donde:

FP = Factura promedio

IM = Ingresos del mes

FM = Número de clientes o facturas del mes

3. COSTO DE ADQUISICIÓN POR CLIENTE: Cuánto dinero fue invertido para conquistar a un cliente. Se deben considerar todos los gastos de ventas y mercadotecnia, para después comparar estos gastos con el número de nuevos clientes conquistados. La fórmula es: $CAC = (G + IMV) \div N$

En donde:

CAC = Costo de adquisición por cliente

G = Gastos

IMV = Inversión en marketing y ventas

N = Número de nuevos clientes en un periodo determinado

4. TASA DE CONVERSIÓN: Le decimos "conversión" al hecho de que un interesado se transforme en un cliente. La fórmula es: $TC = NV \div NP$

En donde:

TC = Tasa de conversión

NV = Número de visitas de clientes interesados en comprar (a la tienda, ya sea virtual o presencial)

NP = Número de pagos efectivos por personas que se convirtieron en clientes

Los anteriores son ejemplos de métricas rigurosas o KPI. Para cada organización o departamento podemos buscar KPI (existen bases de datos de este tipo de métricas ya creadas) o podemos crear las nuestras. Son muy útiles porque arrojan resultados numéricos que pueden graficarse.

Alejandro fabricaba pijas y tornillos. Tenía un equipo de diez personas en su negocio. Las cosas iban mal y no sa-

 bía cómo revertir esta tendencia negativa. Así que comenzó a hacer juntas con su personal una vez a la semana; pero las reuniones se convirtieron en largas mesas de debate, desahogos emocionales y pérdidas de tiempo. La gente llegaba a platicar lo que le había pasado en la semana. Después de largos coloquios terminaban protestando y reclamándole a Alejandro. Lejos de unir al equipo y encontrar soluciones, las juntas solo los dividieron más y los volvieron menos productivos.

En una junta de trabajo todo debe enfocarse a resultados. Cuando las personas tienen CHECKLIST AUTÓNOMOS Y ESPECIALES pueden hacer métricas, y si tienen métricas simplemente dicen en qué color del semáforo están, hacen aportaciones valiosas y formulan preguntas concretas. En cambio, cuando las personas no tienen métricas llegan a una junta a platicar, divagar, perder el tiempo y hacérselo perder a los demás.

¿JUNTAS SEMANALES O MENSUALES?

Las juntas semanales son buenas, pero deben ser rápidas, apenas de quince o veinte minutos. Solo debemos dedicarle una hora o más a la reunión mensual. La medición de resultados se realiza los *días de evaluación*. Por ejemplo, el último viernes del mes. Lo que importa es entender que, de ahora en adelante, tanto nosotros como nuestras organizaciones debemos concentrarnos en una sola cosa: lograr resultados, medirlos y superarlos mes a mes.

EVIDENCIA DE APRENDIZAJE

Nota para el maestro/conferencista: Los ejercicios de hoy son matemáticos. Divide al grupo en dos partes. Haz que un representante de cada parte pase al pizarrón. Pon un cronómetro y crea una competencia contra reloj. Deja que los compañeros que están sentados ayuden al que está en el pizarrón hasta que ambos representantes logren la respuesta correcta. Anota el tiempo del equipo que termine primero y el tiempo del que termine después. Al final de los cinco ejercicios anuncia qué equipo logró la sumatoria de menor tiempo.

Realiza los siguientes cálculos de KPI:

1. En todo el año logramos facturar 150 000 dólares, pero para ello tuvimos que invertir en nómina, publicidad, impuestos, renta y gastos en general la cantidad de 140 000 dólares. ¿Cuál es nuestro retorno sobre la inversión de ese año?

2. ¿Cuál es el retorno sobre la inversión, si invertimos 340 000 y ganamos 428 000?

3. Adquirimos un local que nos costó 200 000 dólares y tuvimos gastos por 130 000 dólares durante el año. ¿Cuánto debemos ganar si queremos tener un retorno de inversión del 12 por ciento?

4. ¿Cuál es nuestra tasa de conversión en el periodo si logramos tener 32 nuevos clientes, pero tuvimos 425 personas informándose de nuestros servicios en nuestra página web?

5. En el caso anterior, ¿cuál es nuestro costo de adquisición por cliente si gastamos 42 000 dólares en el periodo?

ESTRELLAS

Nota para el maestro/conferencista: Imparte a tus alumnos una clase sobre los premios que podemos darnos después de ser altamente productivos. El objetivo es que entiendan *la importancia de esos premios, cómo podemos dárnoslos y los premios inapropiados que debemos evitar.* Compleméntalo con datos y videos de cómo se dan estrellas muchas personas.

Logra más y gana tiempo libre para ti. Es el objetivo final de este curso. Trabajar demasiado (incluso por las noches) no es señal de productividad, sino de ineficiencia.

Pablo colaboraba en un importante despacho de abogados. En las mañanas litigaba y asistía a los tribunales; en las tardes tenía juntas con los clientes; en las noches preparaba escritos de defensa y demandas. Se caracterizaba por ser muy perfeccionista. Cuidaba cada detalle de sus escritos y era obsesivo para llevar los casos. Aun así, los clientes lo rechazaban porque Pablo tendía a complicar las cosas; se metía en vericuetos innecesarios y sumaba demasiadas horas a sus honorarios. Tenía familia, pero no vida familiar. Era adicto al trabajo. Su matrimonio iba de mal en peor. Sus hijos adolescentes se habían descarriado. La vida de Pablo comenzó a desmoronarse. Le diagnosticaron diabetes y su esposa le pidió el divorcio. De todos modos, Pablo siguió trabajando como siempre, con jornadas laborales de veinte horas.

Un día, el director general le informó a Pablo que lo había inscrito en una capacitación especial de alta productividad. Pablo soltó una carcajada. Dijo:

—¿Alta productividad? ¿Tú quieres que yo trabaje todavía más? ¡Nadie puede trabajar más que yo! Me dedico a los asuntos del despacho siete días a la semana, llego a casa a continuar trabajando. Todavía en la cama contesto mensajes en el correo electrónico, escribo documentos y sigo revisando casos.

Su jefe le dijo:

—Precisamente por eso vas a tomar el curso, Pablo. Porque si tienes que trabajar tantas horas todos los días es porque no eres eficiente. De nada sirve que tengas resultados en un área si descuidas otras; debes aprender a descansar y recuperar a tu familia.

Ser productivo es hacer más en menos tiempo. Mucha gente piensa que el objetivo de un curso de productividad es convencer a la gente de trabajar más. Pero están en un error. Es exactamente lo contrario: obtener grandes resultados invirtiendo menos recursos.

NUESTRO PROPÓSITO FINAL

Hablando claro: ¿para qué queremos ganar tanto dinero, prestigio, fortaleza y poder? ¿Para encumbrarnos en escaños de semidioses que el pueblo admira y respeta? ¿Para acabar metidos en una espiral infinita de actividades que nos hagan perder nuestra vida personal? Si somos honestos, nosotros buscamos tener éxito en el trabajo con la única finalidad de vivir sin preocupaciones, compartiendo el fruto de nuestros logros con la gente que amamos, y teniendo, sobre todo, tiempo libre para nosotros.

Queremos ser productivos para poder viajar, comprarnos un mejor auto, pasar las tardes disfrutando a nuestra familia, o jugando juegos de mesa, o deportivos. Poder descansar con un sueño profundo y reparador, libre de preocupaciones. ¿Por qué crees que la productividad implica competir contra reloj? ¡Justamente por esta razón!: para ser *muy* eficientes en las horas que dediquemos al trabajo y lograr en esa jornada mejores resultados. Se trata de movemos con **TIMING 3** y **4** para optimizar cada segundo y hacer que nos sobre tiempo.

De lo que se trata todo esto es de ganar estrellas.

STAR: SUBJECT & TIME AUTO REWARDED

La palabra STAR es un acrónimo en inglés. Significa "cosas y tiempo que nos damos como premio".

A los niños de kínder se les ponen estrellas en la frente. Cuando se portan bien, ellos llegan a casa a presumir su estrella. A veces no se la quitan en todo el día porque trabajaron arduamente para ganársela.

Los buenos estudiantes trabajan duro durante el semestre. Hacen tareas y exámenes. Cuentan el tiempo que falta y los retos de estudio pendientes. Cuando llegan a la meta festejan, hacen un baile o se van de vacaciones. Sería absurdo que alguien trabajara de forma infinita sin llegar a nada concreto que le favoreciera de manera personal. ¡Todo lo que hacemos debe llegar a la meta de obtener los mejores resultados para después darnos una estrella!

Trabajamos para ganar estrellas: objetos o tiempo libre que nos damos de regalo por los resultados obtenidos en el trabajo altamente productivo; es nuestro derecho, y le da sentido al esfuerzo.

TIPOS DE ESTRELLAS

ESTRELLAS DIARIAS. Son las que podríamos darnos cada día. Hay otras que podemos dárnoslas cada mes o cada cuatrimestre, si y solo si, cumplimos nuestros objetivos. Estas se llaman **ESTRELLAS DE PROYECTO.** También hay estrellas que podemos darnos una vez al año o en momentos espaciados después de que hemos alcanzado metas muy grandes. Se llaman **MEGAESTRELLAS.**

Hagamos una lista de las estrellas que podríamos darnos. Dejemos claro que una estrella **NO** es emborracharnos, drogarnos, pelear, arriesgar la vida, tener correrías eróticas, ni ninguna otra actividad que nos debilite o denigre. Por otro lado, una estrella es:

Viajar; jugar futbol; jugar dominó, ajedrez o cualquier otro juego de mesa; ver la televisión; descansar; ir a desayunar, comer, o cenar a un lugar especial; ir a correr al parque; andar en bicicleta; caminar en el bosque; subir a la montaña; hacer una expedición familiar; esquiar; nadar; ir al teatro, al cine o a un concierto; ir a una fiesta; bailar; montar a caballo; comprar un auto nuevo; poner una alberca en la casa; rentar un yate; comprar muebles cómodos; comprar una televisión más grande o un equipo de sonido más poderoso; comprar ropa; ayudar a gente necesitada; predicar; componer música; escribir; pintar; cursar un diplomado; participar en un entrenamiento; jugar con los hijos...

La lista es infinita. Muchos de los negocios más poderosos se dedican justamente a vender estrellas, porque las personas trabajamos *para eso.*

Y claro que hay de estrellas a estrellas. Algunas, aunque las quisiéramos, no podríamos darnos el lujo de tenerlas por lo pronto (pero algún día). Las estrellas son premios y consecuencias. Como todo, se deben manejar con reglas.

REGLAS PARA DARNOS ESTRELLAS

1. Solo podemos darnos MEGAESTRELLAS después de haber tenido un trabajo altamente productivo. Si no hemos metido goles, si no hemos hecho ganar a nuestro equipo, si no hemos logrado grandes resultados en un lapso, por ningún motivo deberíamos comprarnos un auto nuevo, irnos de viaje al otro continente ni gastarnos los ahorros familiares en un juguete.

2. Tampoco está permitido endeudarnos ni gastar lo que no tenemos para comprar una estrella.

3. Lo sano es que nuestras estrellas no deben costarnos más del 20% de las utilidades que hemos generado.

4. Las estrellas no incluyen años sabáticos ni retiro laboral permanente. Para las **PERSONAS DE ALTO RENDIMIENTO** no existe la jubilación ni la inactividad definitiva por razones voluntarias. Retirarse para sentarse a descansar es igual a suicidarse. Mientras estemos vivos debemos ser fructíferos. Aunque tuviéramos noventa años y cien millones de dólares en el banco es nuestra obligación y derecho seguir siendo

productivos y permanecer en **TIMING 3-4** (dándonos periódicamente las estrellas que ganemos), hasta el día de nuestra muerte.

5. Si somos personas productivas que generamos resultados y metemos goles debemos darnos estrellas. No es si queremos, es que debemos hacerlo, porque eso es lo que nos brinda equilibrio y salud mental, y porque nuestra familia lo necesita.

6. Hay días, e incluso periodos completos de varias semanas, en los que podríamos elegir no darnos ninguna estrella porque estemos trabajando para un proyecto muy exigente, pero sabemos que al terminar tendremos la libertad para darnos una estrella más grande. Esta es una forma muy conveniente de manejar el método de **ALTA PRODUCTIVIDAD**. Nuestros amigos y familiares deben estar enterados para poder apoyarnos cuando nos encontremos trabajando en un proyecto especial, porque todos ellos formarán parte de la megaestrella que nos daremos cuando lo terminemos.

7. Una estrella tiene el objetivo de recargarnos de energía emocional y eso se logra mejor si la compartimos con alguien a quien amamos.

Cuando yo escribo un libro suelo encerrarme varias semanas. Trabajo de día y de noche, duermo a intervalos, a veces olvido en qué día vivo. Solo salgo de mi estudio dos o tres veces al día para ir al baño y despejar la mente unos minutos. Mi esposa me lleva de comer a mi habitación de trabajo. No contesto llamadas. No platico con nadie. Por supuesto, no salimos de casa ni siquiera los domingos. Trabajo enfocado al máximo sin darme ningún descanso. Pero mi familia me apoya; ellos me ayudan a resolver todos mis asuntos pendientes para no interrumpirme. También se les complica la vida y se sacrifican, pero saben que cuando yo termine el libro nos iremos a celebrar y tomaremos unos días de vacaciones. No sé por qué lo hago, pero siempre que acabo un libro pongo a todo volumen una misma melodía de David Arkenstone. Cuando mi familia escucha la melodía insigne entra a mi habitación. Saben que mi encierro terminó. Mi esposa me dice "gracias a Dios que ya te vas a bañar", y mis hijos preguntan a dónde vamos a ir a festejar. Ha llegado el momento de darnos una estrella.

EVIDENCIA DE APRENDIZAJE

Nota para el maestro/conferencista: Haz que tus alumnos reflexionen sobre la forma en que se dan estrellas y cómo deberían dárselas. Después de que escriban las respuestas a las siguientes preguntas invítalos a compartir. Como se trata de un tema muy personal, haz este ejercicio de forma voluntaria.

1. *Enumera tus estrellas. Piensa en tus pequeños o grandes premios de tiempo y de objetos que puedes darte después de trabajar muy duro.*

2. *Describe con detalle alguna estrella que compartió contigo tu padre o tu madre cuando eras niño y narra lo que te hizo sentir.*

3. *Anota los nombres de las personas que más amas y haz una relación de estrellas que podrías darles.*

4. *Identifica las estrellas inmerecidas o inapropiadas que a veces te das y escribe por qué deberás aprender a no dártelas.*

5. *Piensa en una megaestrella que quieres. Establece la meta que debes lograr para poder dártela. Enfócate en lograr esa meta.*

VIGÉSIMA TERCERA SESIÓN

CARPE DIEM

Nota para el maestro/conferencista: Imparte a tus alumnos la última conferencia del curso. Usa los elementos de este capítulo para *generar un repaso y un resumen del curso.* Haz que tus alumnos puedan echar un vistazo a todo lo que aprendieron. Cierra la charla y el curso con tus fichas más emotivas y exhortativas. Haz que la última reunión sea inolvidable.

El método **"ENFOQUE EN RESULTADOS"** podría resumirse en una frase: **CARPE DIEM**. Un concepto maravilloso del poeta romano Horacio. Lo menciona en el poema número once de su primer libro de *Odas.* El enunciado original de Horacio en latín es:

Carpe diem
quam minimum credula postero
Aprovecha el día AL MÁXIMO y no confíes en el mañana

Después de estudiar un curso como este podemos entender el enunciado anterior:

- o Nada es más valioso que este día.

- o Haz que este día cuente.

- o Vive de prisa y disfruta el día.

- o Haz que el día presente se convierta en el mejor de tu vida.

- o La muerte es nuestra única certeza.

- o La vida es breve.

- o El reloj de arena avanza un poco cada día.

- o El tiempo que pasa jamás se recupera.

UN BINOMIO QUE RESUME TODO[7]

Nuestro principio básico. En MER entendimos que cuando algo va mal en una marca (individual o corporativa), el problema solo puede tener dos orígenes: *Personas o Procesos*. Las personas piensan las cosas y actúan conforme a su mentalidad. Los procesos son rutinas que llevamos a cabo para ejecutar acciones de crecimiento.

CARPE DIEM es el binomio de personas y procesos enfocados a aprovechar el día al máximo.

(CARPE + DIEM) = (PERSONAS + PROCESOS)

Este es un mapa nemotécnico[8] que nos va a ayudar a encontrar LA RAÍZ de cualquier situación en nuestra organización o marca. El concepto es tan poderoso que nos servirá para unificar el curso, pero también será un recordatorio

---

7. El autor ha escrito 4 libros basados en el significado CARPE DIEM: *Tiempo de ganar, Enfócate en resultados, Emerge o muere, Este día importa*. Escribiendo *Este día importa* creó el acrónimo que resume buena parte de estos libros.

8. © CARLOS CUAUHTÉMOC SÁNCHEZ.

para definir, de ahora en adelante, lo que estamos haciendo mal y cómo corregirlo.

CARPE = PERSONAS

Hablemos de las personas.

En forma resumida, las personas enfocadas en resultados tienen cuatro características. Si queremos crecer en los DESIGNIOS MER (dinero, prestigio, fortaleza y poder) no nos pueden faltar esas cuatro características. Debemos tenerlas, y también debemos propiciar que las tengan nuestros alumnos, hijos, empleados, familiares o miembros del equipo:

C = Capacidad:

Conocimientos, cultura, estudios, experiencia, inteligencia, discernimiento, preparación, buen juicio, inteligencia (técnica, administrativa, emprendedora).

Una persona con **CAPACIDAD** aporta valor dondequiera que va.

Las personas capaces y enfocadas tienen ideas geniales que transforman todo a su alrededor.

A = Actitud:

Positividad, perseverancia, empeño, voluntad, carácter.

Las personas con **ACTITUD** no pierden el tiempo buscando culpables ni se arredran por errores o cosas malas que suceden. Siempre buscan soluciones. Encuentran cómo hacer las cosas. Son valientes; se mueven con fe y esperanza; dondequiera que van inspiran a otros a no rendirse.

RP = Ritmo Productivo:

Inercia cinética, movimiento, acción, rapidez, autoexigencia, velocidad, esfuerzo, avance, eficiencia, potencia.

Las personas con alto ritmo productivo no se detienen, no pierden el tiempo; son intensas y fuertes; contagian a todos de su actividad; no caminan: corren. No lo piensan dos veces: actúan. Son sobresalientes y dominantes. Logran resultados sí o sí.

E = Entrega:

Enfoque, compromiso, presencia, nobleza, rectitud, honradez, probidad, integridad, lealtad, determinación.

La persona con entrega está comprometida con su equipo al grado de dar todo, lo mejor de ella, y renuncia a cualquier cosa que pueda lastimarla o debilitarla. Quien se entrega de lleno a las metas, tarde o temprano las alcanza.

Repasemos el acrónimo y observemos de qué manera resume nuestro curso: Todos debemos ser individuos con **CAPACIDAD, ACTITUD, RITMO PRODUCTIVO** y **ENTREGA**. *Esas cuatro características son la esencia de las personas enfocadas en resultados.*

DIEM = PROCESOS

Hablemos ahora de los procesos.

Sin procesos hay desorden; la energía se dispersa. Aunque nos planteemos metas no podemos llegar a ellas con eficiencia. Como resumen del curso, los procesos se conforman de tres pasos:

DI = Documentar Ideas:

Escribir todos los días lo que pensamos y creamos. Documentar hechos y proyectos. Hacer tarea, preparar memorándums, tablas, presentaciones, investigaciones. Organizar documentos. Etiquetar y limpiar carpetas. Escribir todo.

E = Ejecutar:

Crear rutinas, checklists, procesos autónomos y especiales. Practicar la activación privada. Atacar proyectos únicos. Consumar prioridades. Comernos una rana diariamente. Aplicar el factor "qué sigue". Acortar los plazos. Cronometrar actividades. Meter goles.

M = Medir:

Establecer parámetros de medición en nuestras listas de procesos. Medir los resultados conforme a la tabla del semáforo. Rendir cuentas y exponer periódicamente en qué color estamos para cada lista de proceso. Usar kpi. Medirlo todo.

CARPE + DIEM

Hemos llegado a la cima de la montaña. Desde aquí podemos ver el panorama completo. La cima se llama CARPE DIEM. Llegamos hasta aquí después de una larga travesía en la que tuvimos momentos buenos y malos; a veces sentimos entusiasmo y a veces fastidio, cansancio y pasión, aburrimiento y ganas de seguir. Así son todos los ascensos. Pero la alegría de pararse en la cumbre y poner la bandera de éxito lo vale todo.

CARPE DIEM.

Aplica los conceptos que hemos aprendido. Si lo haces, tu vida personal y de trabajo va a cambiar. También tu futuro. Una persona de alto rendimiento tarde o temprano se sube al pódium del ganador.

Una última reflexión. ¿Por qué queremos subirnos a ese pódium? ¿Para qué estudiamos tanto y nos proponemos trabajar de una forma tan exigente de ahora en adelante? Hay dos razones. Queremos:

1) PROGRESO PERSONAL

2) CREAR UN LEGADO

El **PROGRESO PERSONAL es instintivo,** representa la misión innata que todos los seres humanos llevamos dentro. Queremos progresar. Nacimos para eso. Está en nuestro ADN. Sin embargo, el individuo que solo piensa en su progreso personal puede convertirse en egoísta e ingrato.

CREAR UN LEGADO es nuestra segunda razón. Anhelamos convertirnos en seres de **ALTO RENDIMIENTO** poque deseamos ser fructíferos, poder dar fruto dulce y abundante que beneficie los demás.

Sabemos que hay gente caminando detrás de nosotros. En la vida hemos caminado por un sendero agreste en el que hemos sufrido por las heridas de espinas y animales ponzoñosos; hemos tenido que abrirnos camino a machetazo limpio. **CREAR UN LEGADO** significa pensar en los que vienen detrás, dejar el camino limpio y preparado para ayudar a otras personas y corresponder a quienes, a su vez, nos han abierto camino.

Vivimos en una época maravillosa, con miles de avances tecnológicos y una conciencia ética colectiva. No somos proclives a sufrir las barbaridades de la Edad Media o de otras épocas terribles, porque muchas personas crearon un legado y nos allanaron el camino. Así que nosotros queremos hacer lo mismo. La gente necesita nuestros frutos. Y al final, por nuestros frutos seremos conocidos.

Así que nos despedimos con la locución más poderosa y concluyente:

CARPE DIEM.

EVIDENCIA DE APRENDIZAJE

Nota para el maestro/conferencista: Divide al grupo en siete equipos. A cada equipo asígnale una parte del acrónimo CARPE DIEM. Pídeles que hagan un pequeño discurso de tres minutos para explicar la importancia y el poder de la parte que les tocó. Reconoce a los mejores expositores. Antes de que los alumnos abandonen el salón exígeles que te digan de memoria el acrónimo completo CARPE DIEM.

1. *Haz una disertación en la que expliques una parte del acrónimo* **CARPE DIEM.**

2. *Memoriza qué significa cada parte de* **CARPE DIEM.**

3. *Escribe de qué manera te vas a comprometer a usar este acrónimo y todo lo que aprendiste en este curso a partir de ahora.*

VIGÉSIMA CUARTA SESIÓN

EXAMEN DEL BLOQUE 3

Nota para el maestro/conferencista: Terminamos siete sesiones más. Es momento de medir el aprendizaje de tus alumnos. Aplícales un examen basado en la siguiente guía de estudios.

GUÍA DE ESTUDIOS DEL BLOQUE 3

1. *¿Por qué decimos que la humanidad es lo que es gracias a los documentos?*

2. *¿De qué manera escribir las ideas ayuda a las personas a dejar huella?*

3. *¿Por qué se pierden las ideas que no se documentan?*

4. *¿Cuál es el primer proceso de productividad?*

5. *¿Cómo documenta su trabajo un técnico, un administrador y un emprendedor?*

6. *Establece tres reglas para documentar y organizar.*

7. *¿Qué le da valor a una organización?*

8. *¿Por qué los trabajadores inseguros no documentan?*

9. *¿Qué es hacer tarea y qué implicaciones tiene en la vida profesional?*

10. Define proceso.

11. ¿Por qué son importantes todos los pasos de un proceso?

12. Explica la diferencia entre procesos autónomos y especiales.

13. ¿Qué es la sistematización y cómo se consigue?

14. ¿Qué es un process checklist y de qué manera se hace?

15. Crea un process checklist para una actividad que realices.

16. ¿Qué ventajas y desventajas tienen los manuales de operación?

17. ¿De qué forma las listas de procesos pueden ser la base de incentivos?

18. ¿Qué procesos de activación usan algunas empresas?

19. ¿Cuáles son los beneficios de la activación privada?

20. Explica las siete rutinas de activación privada.

21. ¿Por qué la única forma de sobresalir es a través de procesos especiales?

22. ¿Por qué siempre es más fácil limitarnos a procesos autónomos?

23. ¿Qué significa tragarse una rana?

24. ¿Por qué debemos tragarnos una rana temprano todas las mañanas?

25. ¿Cuáles son las cinco características de una rana que podemos tragar?

26. Explica la diferencia entre el "factor qué sigue" y el "factor qué pasó".

27. ¿Por qué es importante aprender a acortar los plazos?

28. ¿Por qué es importante cronometrar todos los procesos?

29. ¿Por qué es más importante ejecutar que pensar?

30. ¿Por qué se dice que la medición es lo más importante de un juego?

31. ¿Por qué la gente se aburre tanto en los trabajos convencionales?

32. ¿Qué significa ser llamado a cuentas y por qué es importante?

33. Escribe los pasos del método para llevar métricas.

34. ¿Cómo se usan los colores del semáforo en las métricas?

35. ¿Cómo se registran las métricas?

36. ¿Qué significa KPI y para qué sirven este tipo de métricas?

37. *Explica qué es el retorno sobre la inversión y cómo se calcula.*

38. *Explica qué es la factura promedio y cómo se calcula.*

39. *Explica qué es el costo de adquisición por cliente y cómo se calcula.*

40. *Explica qué es la tasa de conversión y cómo se calcula.*

41. *¿Cómo es una junta de trabajo en la que todos tienen métricas?*

42. *¿Qué significa el acrónimo STAR?*

43. *¿Cuáles son los tipos de estrellas que podemos darnos?*

44. *Enlista estrellas nocivas y estrellas constructivas que la gente suele darse.*

45. *Menciona 5 reglas para darnos estrellas.*

46. *Menciona 5 significados de CARPE DIEM.*

47. *Explica el acrónimo CARPE DIEM.*

48. *Menciona las características de las personas con CAPACIDAD.*

49. *Menciona las características de las personas con ACTITUD.*

50. *Menciona las características de las personas con RITMO PRODUCTIVO.*

51. *Menciona las características de las personas con ENTREGA.*

52. *Menciona las características de las personas que DOCUMENTAN IDEAS.*

53. *Menciona las características de las personas que EJECUTAN.*

54. *Menciona las características de las personas que MIDEN.*

55. *¿Qué es el progreso personal y el legado?*

Este libro se imprimió en noviembre de 2021
en los talleres de Litográfica Ingramex, S.A. de C.V.
Centeno 162-1, Col. Granjas Esmeralda,
Ciudad de México C.P. 09810
ESD 1e-29-9-M-7.5-11-2021